Emmanuel Lévinas' Versuch *Schwierige Freiheit* ist genau genommen eine Vielzahl von Versuchen über jüdisches Leben und Denken im 20. Jahrhundert. Lévinas' Essays entstanden in den vergangenen Jahrzehnten aus ganz unterschiedlichen Anlässen: aus Diskussionen über die jüdische Religion, über den Staat Israel, über jüdische Erziehung, die christlich-jüdische Verständigung, aus aktuellen Anlässen wie dem Start der Sputnik-Rakete 1957. Lévinas beobachtet 1954 den Prozeß gegen Verantwortliche des Konzentrationslagers Struthof.

So unterschiedlich die Anlässe auch sind, die hier versammelten Texte von Emmanuel Lévinas haben zwei Gravitationszentren: die Besinnung auf Ursprünge des Judentums und Reflexionen über den Nationalsozialismus.

Aus diesen beiden Gravitationszentren, der Rückbesinnung auf Quellen des Judentums und der Erfahrung der Shoah, entwickelt Lévinas Grundzüge einer Ethik, die Religiosität mit der Erfahrung des anderen verbindet. Im Besitzenwollen von Menschen, Gedanken, im Beherrschenwollen der Natur sieht Lévinas die eigentliche Gefährdung der europäischen Zivilisation.

Emmanuel Lévinas

Schwierige Freiheit

Versuch über das Judentum

Aus dem Französischen von
Eva Moldenhauer

Jüdischer Verlag
Frankfurt am Main

Gekürzte Ausgabe von
Difficile Liberté. Essais sur le Judaïsme

1. Auflage 2017

Satz: Fotosatz Otto Gutfreund GmbH, Darmstadt
Printed in Germany
Umschlag: hißmann, heilmann, hamburg
ISBN 978-3-633-24112-5

Inhalt

Für
Doktor Henri Nerson
für den Freund
in Erinnerung an einen Unterricht,
der über diese Freundschaft hinausgeht

Vorwort

Die in diesem Band enthaltenen Essays geben Zeugnis von einem Judentum, dem eine lebendige und von der Reflexion über strenge Texte gespeiste Tradition zugrunde liegt, Texte, die lebendiger sind als das Leben. Diese biblischen und rabbinischen alten Texte rufen nicht nur die wissenschaftliche Neugier von Philologen wach, die sich in sie *vertiefen* und schon aus diesem Grund eine vorteilhafte Position einnehmen. Sie antworten auch auf Probleme, bei denen es nicht um literarische Einflüsse und Datierungen geht. Man muß die Ohren spitzen: vielleicht ist ja alles schon einmal – noch bevor das Mittelalter Europa überzog – von Denkern gedacht worden, die sich wenig um Entwicklungen scherten und bereitwillig den scharfen Stachel ihrer realen Probleme verbargen – sogar vor den künftigen Historikern. Viele Seiten, die hier zu lesen sind, forschen nach der schwierigen Exegese, die sich hinter den scheinbaren Naivitäten der archaischen Kommentare verbirgt. Diese Seiten möchten sie in aller Bescheidenheit lobpreisen.

Kurz nach den Ausrottungsaktionen Hitlers, die in einem seit mehr als fünfzehn Jahrhunderten evangelisierten Europa stattfinden konnten, wandte sich das Judentum diesen Quellen zu. Das Christentum hatte das Judentum im Westen bislang daran gewöhnt, diese Quellen für versiegt oder von reißenderen Gewässern überflutet zu halten. Sich nach den Massakern der Nazis als Jude wiederzufinden, bedeutete also, erneut gegenüber dem Christentum Stellung zu beziehen, und zwar noch auf einer anderen Ebene als Jules Isaac.

Aber die Rückkehr zu den Quellen gebot sich sogleich auch bei einem höheren und weniger polemischen Thema. Die Erfahrung des Nationalsozialismus bedeutete für viele Juden auch den brüderlichen Kontakt mit Christen, die ihnen ihr ganzes Herz zu Füßen legten, das heißt alles für sie riskierten. Angesichts der Heraufkunft der Dritten Welt bleibt diese Erinnerung kostbar. Nicht damit wir uns in den Emotionen gefallen, die sie hervorruft. Sie gemahnt uns vielmehr an eine lange Nachbarschaft durch die Geschichte hindurch, an die Existenz einer gemeinsamen Sprache und eines Handelns, in dem sich unsere antagonistischen Schicksale als komplementär erweisen.

Gott sei Dank werden wir keinen verdächtigen Kreuzzügen das Wort reden, um als Gläubige »enger zusammenzurücken«, um uns als »Spiritualisten« gegen den anflutenden Materialismus zu vereinigen! Als müßte man gegen diese vom Hunger heimgesuchte Dritte Welt irgendeine Front errichten; als müßte man an etwas anderes denken als daran, diesen Hunger zu stillen; als bestünde die ganze Spiritualität der Erde nicht in der Geste des Ernährens; und als hätten wir von einer zerrütteten Welt andere Schätze zu retten als die Gabe – die sie trotz allem erhielt –, am Hunger des anderen zu leiden. »Bedeutend ist die Verpflegung!« sagte Rabbi Jochanan im Namen des Rabbi Josse ben Kisma (Sanhedrin 103 b). Der Hunger des anderen – materieller Hunger, Hunger nach Brot – ist heilig; nur der Hunger des Dritten schränkt seine Rechte ein; es gibt keinen schlechten Materialismus außer dem unseren. Diese erste Ungleichheit definiert vielleicht das Judentum. Eine schwierige Lage. Umkehrung der sichtbaren Ordnung. Eine Umkehrung, die nie ein Ende nimmt. Daher der Ritualismus, der den Juden zum Dienst ohne Entschädigung, zu einer auf eigene Kosten übernommenen, auf eigene Gefahr zu erfüllenden Pflicht bestimmt. Das, was im ursprünglichen und unwiderlegbaren Sinn des Terminus das griechische Wort Liturgie bedeutet.

Ethik und Geist*

1. Die lästige Moral

Wenn man die Veröffentlichungen, die die Ideologie des sozialen Christentums definieren, sowie Zeitschriften wie *Esprit* verfolgte, konnte man den Eindruck gewinnen, das Christentum, sogar das katholische, neige zu einer weniger realistischen Interpretation der dogmatischen Formeln, die dem religiösen Leben der Gläubigen zugrunde liegen. Folgt man den vorzüglichen Darlegungen André Siegfrieds**, verschmilzt dann in bestimmten protestantischen Kirchen die Religion nicht gänzlich mit der Moral und dem sozialen Handeln?

Ein völlig illusorischer Eindruck, was den Katholizismus betrifft. Die jüngste Bekanntgabe eines neuen Dogmas zeigt, wie treu die Kirche an einem Begriff des Geistes festhält, der die realistische Bejahung irrationaler Fakten nicht ausschließt und deren Bedeutung aus inneren, von außen nicht zu ergründenden Erfahrungen ableitet. Darum werden wir uns nicht erlauben, darüber zu diskutieren. Allerdings möchten wir betonen, daß für die Katholiken selbst noch andere Bedeutungen des Geistigen möglich sind. So hat Professor Latreille in einer mit seltenem Weitblick geführten und von der modernen Erfahrung durchdrungenen Untersuchung über den Katholizismus nicht nur die wachsame Anwesenheit der Kirche bei den Diskussionen über die materiellen und intellektuellen Probleme von heute aufgezeigt, sondern auch die Existenz zweier »Arten von europäischem Katholizismus« erkannt, »die sich stark voneinander unterscheiden, zuweilen sogar in Gegensatz zueinander stehen«. Einen mediterranen Typus, »der noch dem alten Ideal der *Christenheit* nahesteht und bei dem eine ausgedehnte populäre Praxis, ein Festhalten an der äußeren, kollektiven, traditionellen Frömmigkeit den Widerwillen gegen jedwede religiöse Abweichung,

* Veröffentlicht in der Zeitschrift *Evidences*, 1952, Nr. 27.

** *Cahier de la Fondation Nationale des Sciences Politiques*, 1951, Nr. 23, André Latreille, André Siegfried: »Les forces religieuses et la vie politique.« – »Le catholicisme et le protestantisme.«

gegen jede Konzession an den Liberalismus und die Gleichgültigkeit des Staates schüren«, und der dem zweiten, dem nördlichen Katholizismus »gern seine Kühnheit vorhält, ihn verdächtigt, die Integrität der Doktrin einer unannehmbaren Modernität durch Konzessionen zu opfern, ja, durch einen Friedenswillen, einen Willen zur Übereinkunft mit den anderen Konfessionen, der die Merkmale und die Rechte der wahren Kirche verkenne«. Und Latreille fügt hinzu: »In den letzten Jahren scheint es der unversöhnlichen Richtung gelungen zu sein, seitens des Papsttums eine Verhärtung gegenüber den Theologen herbeizuführen, die im Verdacht stehen, mit ihrer Lehre gefürchteten Tendenzen Vorschub zu leisten, und vielleicht auch gegenüber apostolischen Unternehmungen, deren Form für zu wagemutig erachtet wird (*Encyclica humani generis*, August 1950).«*

Sogar im Protestantismus scheint sich eine ähnliche Bewegung strengerer Orthodoxie abzuzeichnen. Als fühlte sich das Christentum entleert, wenn es vom Dogma und seiner realistischen Interpretation abweicht. Ein Zeugnis dafür sahen wir in einem Buch mit dem Titel *Protestantisme*, das kurz nach der Befreiung erschienen war und verschiedene Untersuchungen von protestantischen Theologen, Professoren und Schriftstellern enthielt. Im letzten Winter bestätigte eine Reihe vorzüglicher Aufsätze von M. R. Mehl in *Le Monde* diese Rückkehr zur Orthodoxie oder zumindest die Sehnsucht danach, die Suche nach außerethischen Formen des religiösen Ausdrucks und des religiösen Lebens.

Lange dachten die Juden, alle Situationen, in denen die Menschheit ihren religiösen Weg erkennt, fänden ihre geistige Bedeutung, das heißt ihre Wahrheit für Erwachsene in den ethischen Bindungen. Sie hatten folglich einen sehr deutlichen Begriff von Moral. Sie fühlten sich ihr verbunden wie einem unveräußerlichen Erbe. Sogar im 19. Jahrhundert, als das Judentum in die Gemeinschaft der westlichen Nationen eintrat, berief es sich auf sie als auf einen Daseinsgrund. Es war davon überzeugt, es überlebe nur deshalb, um die Lehre der Propheten in ihrer Rein-

* Die Sorge um den Ökumenismus von Papst Johannes XXIII. scheint auf eine neuerliche Umkehr in der Tendenz hinzudeuten.

heit zu erhalten. In einer Welt, in der sich die geistigen Werte, wie die materiellen Güter, jedem darboten, der sich bereichern wollte, war die Moral der Mühe wert, daß man ein armer Jude blieb, auch wenn man kein mittelloser Jude blieb.

Doch ein langer Umgang mit dem Christentum im Abendland konnte sogar bei Juden, die dem Judentum aufrichtig verbunden waren und aufgrund ihrer Familienerinnerungen eine gefühlsmäßige Bindung an die Symbole der jüdischen Existenz bewahrt hatten, Besorgnis hervorrufen. Die Moral, das soziale Handeln, die Sorge um Gerechtigkeit – das alles sei zwar ausgezeichnet, aber eben nur Moral! Eine irdische Propädeutik! Zu abstrakt, um das innere Leben auszufüllen. Zu arm an Stilfiguren, um die Geschichte einer Seele zu erzählen. Ohne Stoff für eine Literatur, ein Drama. Und in der Tat hat das immer nur zu Psalmen ausgereicht!

2. Dieses »arme« 19. Jahrhundert

Jene Besorgnis hat durchaus eine Ursache. Aber sie liegt nicht in der jüdischen Moral.

Die Moral, die, mehr und mehr von der rabbinischen Überlieferung und Exegese getrennt, in den Tempeln des Abendlands dargeboten wurde, hatte nichts mehr von einer Botschaft an sich, die den Boten rechtfertigte. Sie ähnelte mehr und mehr den zwar großmütigen, aber allgemeinen Formeln des moralischen Bewußtseins Europas. Ja, es gab ein moralisches Bewußtsein Europas! Glückliche Zeit, da Jahrhunderte christlicher und philosophischer Zivilisation die Brüchigkeit ihrer Werke noch nicht im Abenteuer Hitlers enthüllt hatten. Niemals schien die prophetische Moral konformistischer und die berühmte Mission Israels ihrem Ziel näher zu sein.

Und gewiß war das hohe Alter der Botschaft, die Existenz eines Moses oder Jesaja zu einer Zeit, da Griechenland noch in der Barbarei steckte, geeignet, die Einbildungskraft zu beeindrucken. Aber das historische Verdienst wiegt ein nutzloses Überleben nicht auf. In der Ordnung des Geistes gibt es keine Pensionsberechtigung. Nur eine glänzende Aktualität kann unbeschadet auf ihre vergangenen Verdienste pochen oder sich notfalls sogar welche erfinden.

Fahren die Juden wenigstens fort, den Völkern die prophetische Moral durch einen vorbildlichen Lebenswandel vor Augen zu führen? Die Tugenden, die auch in den finstersten Zeiten des Mittelalters die Bewunderung der gutwilligen Christen weckten, gerieten ins Wanken wie die Mauern des Gettos. Andere traten an ihre Stelle, aber die Juden übernahmen mit allen Freiheiten auch viel von der Gewalt der modernen Welt. Freudig machten sie sich alle Nationalismen zu eigen, aber auch alle Streitigkeiten, alle Leidenschaften. Israel wurde nicht schlechter als die sie umgebende Welt, was immer die Antisemiten behaupten mögen. Aber es hörte auf, besser zu sein. Das Höchste war, daß es danach ein Streben gab.

Vielleicht zeigte sich seit jener Zeit die jüdische Anwesenheit stärker in der Beteiligung der Israeliten an den liberalen und sozialen Bewegungen – im Kampf um die Menschenrechte, um eine tätige soziale Gerechtigkeit – als in den Predigten der emanzipierten Synagogen. Alle jene Gegner der Tradition, alle jene Atheisten, alle jene Aufrührer fanden sich unwissentlich in der göttlichen Tradition der unbeugsamen Gerechtigkeit wieder, die die Blasphemien im voraus rächt. Mit diesen Empörern widersetzte das Judentum, kaum war es in die umgebende Welt einbezogen, sich ihr bereits. Aber es fand sich dabei seiner eigenen Sprache beraubt. Als bloßer Wille nahm es, um sich selbst zu verstehen, Zuflucht zu einem geborgten Denken. Denn man kann nicht instinktiv Jude sein; man kann nicht Jude sein, ohne es zu wissen. Man muß das Gute von ganzem Herzen begehren und es zugleich nicht einfach in einer naiven Regung des Herzens begehren. Diese Regung beibehalten und gleichzeitig abschütteln – vielleicht besteht darin der jüdische Ritus. Die Leidenschaft, die ihrem Pathos mißtraut, wird wieder und wieder *Bewußtsein*! Die Zugehörigkeit zum Judentum setzt den Ritus und das Wissen voraus. Dem Ignoranten ist Gerechtigkeit unmöglich. Das Judentum ist ein extremes Bewußtsein.

Kann demnach eine jüdische Erneuerung unter dem Zeichen des Irrationalen, des Numinosen, des Sakramentalen erfolgen? Denn eben dies sind die religiösen Kategorien, nach denen man für sich sucht. Wir brauchen eine eigene heilige Theresa! Kann man ohne Kierkegaard noch Jude sein? Glücklicherweise gab es den Chassidismus und die Kabbala! Keine Angst: man kann auch ohne die Heiligen Jude sein. Chassidismus und Kabbala haben in der jüdischen Seele nur dann Bürgerrecht, wenn sie vom talmudischen Wissen durchdrungen sind. Talmudisches Wissen – Entfaltung der ethischen Ordnung bis hin zum Heil der individuellen Seele. Oh, wie sehr beginnt der Moralismus des 19. Jahrhunderts, trotz all seiner Naivitäten, in unseren abgestumpften Augen in neuem Glanz zu leuchten. Er hatte zumindest ein Verdienst: *er wollte das Judentum als eine Religion des Geistes interpretieren.* Ein wesentlicher Punkt, auch wenn dieser Moralismus in den Augen einer Jugend, der der Zauber der Mythen und Mysterien vertraut ist, gleichsam kraftlos, aller spezifisch religiösen Substanz entleert wirkt.

3. Geist und Gewalt*

Nichts ist zweideutiger als der Terminus des geistigen Lebens. Könnte man ihn präzisieren, indem man jedes Gewaltverhältnis aus ihm ausschließt? Aber die Gewalt steckt nicht nur in einer Billardkugel, die gegen die andere Kugel prallt, im Gewitter, das eine Ernte vernichtet, im Herren, der den Sklaven mißhandelt, in einem totalitären Staat, der seine Bürger erniedrigt, in der kriegerischen Eroberung, die Menschen knechtet. Gewaltsam ist jede Handlung, bei der man handelt, als wäre man allein: als wäre der Rest des Universums nur dazu da, die Handlung *in Empfang zu nehmen*; gewaltsam ist folglich auch jede Handlung, die uns widerfährt, ohne daß wir in allen Punkten an ihr mitwirken.

In diesem Sinn ist fast jede Kausalität gewaltsam; die Herstellung eines Dings, die Befriedigung eines Bedürfnisses, das Begehren und sogar das Erkennen eines Gegenstandes. Auch der Kampf und der Krieg, wo der Andere in der Schwäche verfolgt wird, die seine Person verrät. Aber Gewalt ist zu einem großen Teil auch im poetischen Delirium und im Enthusiasmus, wo wir

* Wir verdanken der Habilitationsschrift von Eric Weil – deren philosophische Bedeutung und logische Kraft sich durchsetzen werden – den systematischen und strengen Gebrauch des Terminus »Gewalt« in seinem Gegensatz zur »Rede« (*Logique de la philosophie,* Paris 1951). Dennoch geben wir ihm einen anderen Sinn, wie wir es schon in unserem Aufsatz in der *Revue de métaphysique und de morale* (Februar–März 1951) taten.

der Muse nur einen Mund leihen, durch den sie spricht; in der Furcht und im Zittern, wo das Heilige uns aus uns selbst herausreißt; sie ist in der Leidenschaft, und sei sie Liebe, die der Flanke die Wunde eines perfiden Pfeils zufügt.

Doch ist eine Ursache ohne Gewalt überhaupt möglich? Wer empfängt, ohne schockiert zu werden? Die Mystiker können beruhigt sein: nichts kann eine Vernunft schockieren. Sie arbeitet mit an dem, was sie vernimmt. Die Sprache handelt, ohne erduldet zu werden, selbst wenn sie einen Befehl erteilt. Vernunft und Sprache sind der Gewalt äußerlich. Sie sind die geistige Ordnung! Und wenn die Moral wirklich die Gewalt ausschließen soll, so muß ein tiefes Band Vernunft, Sprache und Moral miteinander verknüpfen. Und wenn die Religion mit dem geistigen Leben zusammenfällt, muß sie ihrem Wesen nach ethisch sein. Ein Spiritualismus des Irrationalen ist unweigerlich ein Widerspruch. Auf dem Heiligen zu beharren ist unendlich materialistischer, als den – unbestreitbaren – Wert von Brot und Steaks im Leben der Menschen zu propagieren.

Der jüdische Moralismus des 19. Jahrhunderts hatte recht in seinen Negationen. Indem er naiv dem Szientismus der Epoche huldigte, verweigerte er vor allem Beziehungen, die aus Magie und Gewalt hervorgingen, die geistige Würde. Vielleicht beargwöhnte er beispielsweise die Idee des Wunders einzig im Namen der wissenschaftlichen Lehre. Wie dem auch sei, das Wunder enthält etwas Irrationales. Nicht, weil es die Vernunft schokkiert, sondern weil es sich nicht auf sie beruft. Eine Religion zu spiritualisieren besteht nicht darin, ihre Erfahrungen im Licht der neuesten wissenschaftlichen Ergebnisse zu beurteilen, sondern diese Erfahrungen selbst als *Beziehungen zwischen Intelligenzen* zu verstehen, Beziehungen, die sich in der Helligkeit des Bewußtseins und der Rede abspielen. Der Eingriff des Unbewußten und folglich die Schrecknisse und Ekstasen, die sich von ihm nähren, die Zuflucht zur magischen Wirkung der Sakramente – das alles geht auf Gewalt zurück.

4. Geist und Gesicht

Das banale Faktum des Gesprächs verläßt auf der einen Seite die Ordnung der Gewalt. Dieses banale Faktum ist das Wunder aller Wunder.

Sprechen heißt den Anderen erkennen und sich ihm gleichzeitig zu erkennen geben. Der Andere wird nicht nur erkannt, er wird *begrüßt*. Er wird nicht nur benannt, sondern auch angerufen. Um es grammatikalisch auszudrücken: der Andere erscheint nicht im Nominativ, sondern im Vokativ. Ich denke nicht nur daran, was er für mich ist, sondern gleichzeitig und sogar schon vorher *bin* ich für ihn. Indem ich einen Begriff auf ihn anwende, indem ich ihn so oder so nenne, berufe ich mich bereits auf ihn. Ich *erkenne* nicht nur, ich bin auch in Gesellschaft. Eben dieser *Umgang*, den das gesprochene Wort impliziert, ist das Handeln ohne Gewalt: der Handelnde hat im Augenblick seines Handelns auf alles Beherrschen, auf jede Herrschaft verzichtet, setzt sich bereits, in Erwartung der Antwort, dem Handeln des Anderen aus. Sprechen und Zuhören fallen zusammen, folgen nicht aufeinander. Sprechen begründet somit das moralische Verhältnis der Gleichheit und erkennt folglich die Gerechtigkeit an. Selbst wenn man zu einem Sklaven spricht, spricht man zu einem Gleichen. Was man sagt, der kommunizierte Inhalt, ist nur dank diesem Verhältnis des von Angesicht zu Angesicht möglich, in dem der Andere, noch bevor er erkannt ist, als Gesprächspartner zählt. Man blickt einen Blick an. Einen Blick anblicken heißt anblicken, was sich nicht preisgibt, sich nicht ausliefert, sondern einen ins »Visier« nimmt: es heißt das Gesicht *(visage)* anblicken.

Das Gesicht ist nicht die Verbindung von Nase, Stirn, Augen usw. Zwar ist es auch das, erhält jedoch die Bedeutung eines Gesichts durch die neue Dimension, die es in der Wahrnehmung eines Seins eröffnet. Durch das Gesicht ist das Sein nicht nur in seine Form eingeschlossen und der Hand dargeboten – es ist offen, setzt sich in der Tiefe fest und stellt sich in dieser Öffnung gewissermaßen persönlich dar. Das Gesicht ist ein irreduzibler Modus, dem zufolge das Sein sich in seiner Identität darstellen kann. Die Dinge sind das, was sich niemals persönlich darstellt und letztlich keine Identität hat. Auf das Ding bezieht sich die

Gewalt. Sie verfügt über es, ergreift es. Die Dinge bieten eine Handhabe, sie zeigen kein Gesicht. Es sind Seiende ohne Gesicht. Vielleicht sucht die Kunst den Dingen ein Gesicht zu geben, und darin liegt sowohl ihre Größe wie ihre Lüge.

5. »Du sollst nicht töten«

Die Erkenntnis enthüllt, benennt – und klassifiziert damit. Das Wort richtet sich an ein Gesicht. Die Erkenntnis bemächtigt sich ihres Gegenstands. Sie besitzt ihn. Der Besitz negiert die Unabhängigkeit des Seins, ohne es zu zerstören, er negiert und hält fest. Das Gesicht dagegen ist unverletzlich; diese völlig schutzlosen Augen, der nackteste Teil des menschlichen Körpers, setzt indes dem Besitz einen absoluten Widerstand entgegen, in den sich die Versuchung zu morden einschreibt: die Versuchung einer absoluten Negation. Der Andere ist das einzige Sein, das zu töten man versucht sein kann. Diese Versuchung des Mordes und diese Unmöglichkeit des Mordes konstituieren die Wahrnehmung des Gesichts schlechthin. Ein Gesicht sehen heißt bereits hören: »Du sollst nicht töten.« Und wer »Du sollst nicht töten« hört, der hört: »Soziale Gerechtigkeit.« Und alles, was ich von Gott, der unsichtbar ist, hören und verstehen kann, muß mir von der gleichen, einzigen Stimme gekommen sein.

»Du sollst nicht töten« ist also nicht bloß eine Verhaltensregel. Sie erscheint als das Prinzip der Rede und des geistigen Lebens selbst. Danach ist die Sprache nicht nur ein Zeichensystem im Dienste eines vorher bestehenden Denkens. Das gesprochene Wort untersteht der Ordnung der Moral, noch bevor es zur Ordnung der Theorie gehört. Sollte es etwa die Voraussetzung des bewußten Denkens sein?

Denn nichts widersetzt sich der Beziehung zum Gesicht stärker als der »Kontakt« mit dem Irrationalen und dem Geheimnis. Die Gegenwart des Gesichts ist ja gerade die Möglichkeit, sich zu verständigen. Das innere Leben legt sich fest, neigt zur Eindeutigkeit des Vertrags, befreit sich von der Willkür unserer Böswilligkeit. Das Psychische erhält vom Wort die Fähigkeit, das zu sein, was es ist. Es ist seiner unbewußten Verlängerungen beraubt, die es in eine Maske verwandelten, ihm seine Aufrichtigkeit unmöglich machten. Schluß mit der Überflutung des Denkens von den dunklen, unbewußten Kräften, Schluß mit seinem Proteus-Schicksal! Dies ist die Stunde der Logik und der Vernunft!

Die Universalität wird durch die wahrhaft außergewöhnliche Tatsache begründet, daß es ein *Ich* geben kann, das nicht *ich selbst* ist, ein von vorn gesehenes Ich: das Bewußtsein; durch die außergewöhnliche Tatsache, daß ein souveränes Ich, das naiv die Welt überwuchert gleich einer »force qui va«, einer »schweifenden Kraft«, nach dem Ausdruck von Victor Hugo, ein Gesicht wahrnimmt und damit die Unmöglichkeit zu töten. Das Bewußtsein ist die Unmöglichkeit, die Realität zu überwuchern wie eine wilde Vegetation, die alles, was sie umgibt, absorbiert oder zerbricht oder vertreibt. Die Selbstbesinnung des Bewußtseins ist nicht gleichbedeutend mit einer Selbstbetrachtung, sondern mit der Tatsache, nicht auf gewaltsame und natürliche Weise zu existieren, sowie der Tatsache, zum Anderen zu sprechen. Die Moral vollendet die menschliche Gesellschaft. Wird es uns gelingen, das Wunder zu ermessen? Nicht das Zusammenleben einer Vielzahl von Menschen, nicht die Teilhabe an den neuen und komplexen Gesetzen, zu denen die Vielzahl zwingt – die Gesellschaft ist das Wunder des Aus-sich-Heraustretens.

Der Gewalttätige tritt nicht aus sich heraus. Er nimmt, er besitzt. Der Besitz leugnet das unabhängige Dasein. Haben heißt das Sein ablehnen. Gewalt ist Herrschaft, aber Einsamkeit. Gewalt in der Begeisterung, in der Ekstase und im Delirium erfahren heißt *besessen* sein. Erkennen heißt wahrnehmen, einen Gegenstand *erfassen* – und sei er ein Mensch oder eine Gruppe von Menschen –, ein Ding erfassen. Jede Erfahrung der Welt ist gleichzeitig Selbsterfahrung, Selbstgenuß: sie formt mich, sie nährt mich. Die Erkenntnis, die uns aus uns heraustreten läßt, ist gleichsam auch ein langsames Aufnehmen und Verdauen der Wirklichkeit durch uns. Der Widerstand, den die Wirklichkeit unseren Handlungen entgegensetzt, wird selbst zur *Erfahrung* dieses Widerstands; als solcher ist er bereits von der Erkenntnis absorbiert worden und läßt uns mit uns selbst allein.

Daß das »Erkenne dich selbst« zur Grundregel der gesamten abendländischen Philosophie werden konnte, rührt daher, daß der abendländische Mensch letztlich das Universum in sich selbst wiederfindet. Wie für Odysseus ist seine Reise nur eine zufällige Rückkehr. In diesem Sinne beherrscht die *Odyssee* die Literatur. Wenn ein Gide die Fülle des Lebens und die Vielfalt der Lebenserfahrungen als Vollendung der Freiheit preist, dann sucht er in der Freiheit die *Erfahrung* der Freiheit und nicht die Bewegung des Aus-sich-Heraustretens selbst. Es geht darum, an sich selber Gefallen zu finden, sich als wunderbaren Quell der Strahlung zu *erleben*, und nicht darum, zu strahlen.

Allein der Anblick des Gesichts, in dem sich das »Du sollst nicht töten« artikuliert, läßt sich weder in eine daraus resultierende Befriedigung noch in die Erfahrung eines zu großen Hindernisses verkehren, das sich unserer Macht in den Weg stellt. Denn in Wirklichkeit ist der Mord möglich. Aber er ist nur möglich, wenn man dem Anderen nicht ins Gesicht gesehen hat. Die Unmöglichkeit zu töten ist nicht real, sie ist moralisch. Daß der Anblick des Gesichts keine *Erfahrung* ist, sondern ein Aus-sich-Heraustreten, der Kontakt mit einem anderen Sein und nicht bloß Selbstempfindung, das bezeugt der »rein moralische« Charakter dieser Unmöglichkeit. Der moralische Blick ermißt im Gesicht das nicht zu durchschreitende Unendliche, in das die mörderische Absicht sich wagt und in dem sie scheitert. Eben darum führt er uns anderswohin als jede Erfahrung und jeder Blick. Das Unendliche zeigt sich nur dem moralischen Blick: es wird nicht *erkannt*, es ist in *Gemeinschaft* mit uns. Der Umgang mit den Seienden, der mit dem »Du sollst nicht töten« beginnt, entspricht nicht dem Schema unserer gewöhnlichen Beziehungen zur Welt: Subjekt, das seinen Gegenstand wie eine Nahrung erkennt oder absorbiert, Bedürfnis, das befriedigt wird. Er kehrt nicht zum Ausgangspunkt zurück, indem er sich in Zufriedenheit, Selbstgenuß, Selbsterkenntnis verwandelt. Er leitet den Beginn des geistigen Weges des Menschen ein. Eine Religion für uns kann auf keinem anderen Weg liegen.

Eine Religion für Erwachsene*

1. Die gemeinsame Sprache

Ist es vor Semiten und vor Christen, von denen Pius XI. sagte, sie seien in geistigem Sinne Semiten, nicht überflüssig, die These zu formulieren, daß die Menschen über der natürlichen Ordnung der Dinge stehen? Man würde ihnen nichts Neues sagen, wollte man beweisen, daß der Mensch in der Welt eine außergewöhnliche Stellung einnimmt; daß er sich in der Situation eines abhängigen Wesens befindet; daß dieses Wesen in seiner Abhängigkeit jedoch souverän ist, denn es handelt sich nicht um irgendeine Abhängigkeit, sondern um die eines Geschöpfes; daß die Abhängigkeit eines Geschöpfes nicht ausschließt, daß es nach Gottes Ebenbild geformt ist; daß die Erziehung diese auf der Ähnlichkeit von Mensch und Gott gegründete Gesellschaft bewahren muß und daß die Erziehung im weitesten Sinn diese Gesellschaft zum Ziel hat und vielleicht die Definition des Menschen schlechthin ist.

Wie die Juden wissen auch die Christen und die Moslems, daß, wenn die Lebewesen dieser Welt *Resultate* sind, der Mensch aufhört, ein bloßes Resultat zu sein, und, nach einem Wort von Thomas von Aquin, »die Würde einer Ursache« erhält, in dem Maße, wie er die Wirkung der äußeren Ursache *par excellence*, der göttlichen Ursache, erfährt. Wir alle behaupten ja, daß die menschliche Autonomie auf größter Heteronomie beruht und daß die Kraft, die solch wunderbare Wirkungen zeitigt, die Kraft, welche die Kraft begründet, die zivilisatorische Kraft, Gott heißt.

Diese gemeinsame Sprache, die wir spontan wiederfinden und die hier in 1600 Meter Höhe besonders rein klingt, ist keine Quelle bloß akademischer Befriedigung.

In den Jahren, da sich, angesichts dieser Sprache, auftrumpfend sich selbst überlassene Kräfte durchsetzten, in den Jahren,

* Vortrag, gehalten 1957 in der Abtei von Tioumliline in Marokko auf der Tagung über die Erziehung. Veröffentlicht in *Tioumliline I*, 1957.

da diese Spache vom Überschäumen reiner Naturkräfte erstickt wurde, ist diese gemeinsame Sprache auch ein gemeinsames Leben gewesen. Vor den Vertretern so vieler Nationen, von denen manche in ihrem Schoß keine Juden bergen, möchte ich in Erinnerung rufen, was für die Juden Europas die Jahre zwischen 1933 und 1945 bedeuteten. Unter den Millionen Menschen, die in dieser Zeit das Elend und den Tod fanden, machten die Juden die einzigartige Erfahrung einer totalen Verlassenheit. Sie erlebten eine Situation, in der sie weniger galten als Sachen, eine Erfahrung der totalen Passivität, eine Erfahrung der Passion. Das 53. Kapitel des Jesaja gewann für sie seinen ganzen Sinn. Das Leid, das sie mit allen Opfern des Krieges teilten, erhielt seine einmalige Bedeutung durch die Rassenverfolgung, die absolut ist, da sie, eben durch ihre Absicht, jede Flucht lähmt, von vornherein jede Bekehrung ablehnt, jede Selbstaufgabe, jede Apostasie im etymologischen Sinn des Wortes verbietet und damit die Unschuld des auf seine letzte Identität verwiesenen Wesens selbst trifft. Von neuem befand sich Israel im Herzen der religiösen Geschichte der Welt, indem es die Perspektiven sprengte, in denen die gegründeten Religionen sich eingeschlossen hatten, und in den lautersten Bewußtseinen das bislang unverständlicherweise verborgene Band zwischen dem Israel unserer Tage und dem Israel der Bibel erneuerte. In dem Augenblick, da diese Erfahrung gemacht wurde, deren religiöses Ausmaß die Welt für immer prägen sollte, retteten Katholiken – Laien, Priester, Mönche – jüdische Kinder und Erwachsene in Frankreich und außerhalb Frankreichs; und hier in diesem Land vernahmen von den Rassengesetzen bedrohte Juden die Stimme eines moslemischen Fürsten, der sie in seine Obhut nahm.

Ich entsinne mich eines Besuchs, den ich aus Anlaß einer religiösen Zeremonie zu Beginn des Krieges der Kirche St. Augustin in Paris abzustatten Gelegenheit hatte, die Ohren noch gleichsam zerschunden von der Phraseologie der »neuen Moral«, die seit sechs Jahren über die Presse und die Bücher heraufzog. Dort, in einem kleinen Winkel der Kirche, kam ich neben ein Bild zu stehen, das Hanna darstellte, wie sie Samuel in den Tempel führt. Ich erinnere mich noch, daß ich den Eindruck gewann, augenblicklich zum Menschlichen zurückzukehren, zur Möglichkeit, zu sprechen und gehört zu werden. Eine Ergriffenheit, die nur mit derjenigen zu vergleichen war, die ich während der vielen Monate brüderlicher Haft in einem Frontlager in der Bretagne zusammen mit nordafrikanischen Gefangenen empfand; mit derjenigen, die ich in einem Lager in Deutschland empfunden habe, als am Grab eines jüdischen Kameraden, den die Nazis wie einen Hund verscharren wollten, ein katholischer Priester, Pater Chesnet, Gebete sprach, die im absoluten Sinn des Wortes semitische Gebete waren.

2. Wie die Stimme Israels hören?

Es ist also unnötig, in diesen Mauern an die Grundthesen über den Menschen zu erinnern, die uns verbinden! Ihre kurze Erwähnung zu Beginn wäre überflüssig gewesen, wenn nicht, durch eine Art Paradox der Geschichte, die philosophische Anthropologie der ältesten monotheistischen Religion als überholt gälte. Sie scheint es gerade ihres hohen Alters wegen zu sein. Sie scheint es wegen des jüdischen Volkes zu sein, das sie lehrt, sich jedoch abseits der politischen Geschichte der Welt hält, deren Opfer zu sein es das moralische Privileg hatte. Man vertritt nämlich allgemein die Auffassung, daß die Werte des Judentums schon vor langem in umfassenderen Synthesen aufgegangen sind und, für sich genommen, nur ein Gestammel darstellen, verglichen mit dem Ausdruck im Geist und in der Wahrheit, den sie in den vom Judentum hervorgebrachten Religionen erhalten haben. Man nimmt sich daher heraus, wobei man diese neuen Formulierungen hartnäckig ablehnt, das Judentum als ein »Fossil« zu präsentieren, als eine abergläubische Denk- und Lebensweise, wie sie Gemeinschaften eigentümlich ist, die in den Gettos und den Mellas erniedrigt wurden.

So kommt es, daß die Stimme Israels in der Welt bestenfalls als die Stimme eines Vorläufers vernommen wird, als die Stimme des Alten Testaments, das wir Juden, einem Ausspruch Bubers zufolge, weder als Testament noch als alt zu betrachten berechtigt seien und das wir nicht in der Perspektive des Neuen Testaments sähen. Es gibt auch eine andere Art, das Judentum darzustellen. Seit einiger Zeit führt man es der modernen Welt in einigen Werken vor Augen, die allzuleicht die Aufmerksamkeit von

Christen fesseln, weil sie sich in großmütigen, verführerischen und deklamatorischen, schmeichelhaften und vagen Allgemeinheiten ergehen. Man begrüßt sie nur allzuoft als das Geheimnis und die Botschaft Israels. Das beweist jedoch, wie wenig die breite Öffentlichkeit von dieser elementaren Großmut des jüdischen Glaubens weiß.

Damit die Vereinigung zwischen Menschen guten Willens, die ich mir wünsche, nicht im Abstrakten und Ungefähren stattfindet, erlaube ich mir, an dieser Stelle auf den *besonderen* Wegen des jüdischen Monotheismus zu beharren. Ihre Besonderheit gefährdet den Universalismus nicht, sondern fördert ihn. Zu diesem Zweck muß dieser Monotheismus in der von ihren Quellen umgebenen Bibel gesucht werden, wo sie, der jüdischen und der christlichen Tradition gemeinsam, ihre spezifisch jüdische Physiognomie bewahrt. Ich nannte die mündliche Tradition der Exegese, die sich im Talmud und seinen Kommentaren niedergeschlagen hat. Die Manier, die diese Tradition begründete, macht das rabbinische Judentum aus. Unabhängig von den historischen Argumenten, die sein hohes Alter beweisen – und sie sind überaus seriös –, wurde der biblische Kanon, so wie die Welt ihn übernommen hat, von den Verfechtern dieser Tradition festgelegt. Das Judentum als historische Realität – kurz, das Judentum – ist rabbinisch. Die Wege, die in diesem Judentum zu Gott führen, verlaufen nicht durch dieselben Landschaften wie die christlichen Wege. Sollte Sie das schockieren oder verwundern, dann wären Sie schockiert oder verwundert, daß wir vor Ihnen immer noch Juden sind.

3. Enthusiasmus oder religiöse Mündigkeit?

Für das Judentum besteht das Ziel der Erziehung darin, zwischen dem Menschen und der Heiligkeit Gottes eine Beziehung herzustellen und den Menschen in dieser Beziehung festzuhalten. Doch sein ganzes Bemühen – von der Bibel bis zum Abschluß des Talmud im 6. Jahrhundert sowie bei den meisten seiner Kommentatoren der großen Epoche der rabbinischen Gelehrsamkeit – besteht darin, diese Heiligkeit Gottes in einem Sinn zu begreifen, der sich von der numinosen Bedeutung dieses

Wortes abhebt, wie sie sich in den primitiven Religionen zeigt, in denen die Modernen häufig die Quelle jeder Religion sehen wollten. Für diese Denker wäre das Besessensein des Menschen von Gott, der Enthuasismus, die Folge der Heiligkeit oder des geheiligten Charakters Gottes, das Alpha und Omega des geistigen Lebens. Das Judentum hat die Welt entzaubert, hat sich von dieser angeblichen Entwicklung der Religionen aus dem Enthusiasmus und dem Heiligen abgehoben. Dem Judentum steht jede offensive Rückkehr dieser Formen menschlicher Erhebung fern. Es sieht in ihnen das Wesen des Götzendienstes.

Das Numinose oder das Heilige umhüllt und entrückt den Menschen über seine Kräfte und seinen Willen hinaus. Aber eine wahre Freiheit widersetzt sich diesen unkontrollierbaren Übersteigerungen. Das Numinose hebt die Beziehungen zwischen den Personen auf, indem es die Menschen, und sei es in der Ekstase, an einem Drama teilhaben läßt, das diese Menschen nicht gewollt haben, an einer Ordnung, in der sie zugrunde gehen. Diese in gewisser Weise sakramentale Macht des Göttlichen erscheint dem Judentum als Anschlag auf die menschliche Freiheit und der Erziehung des Menschen zuwiderlaufend, die *Einwirken auf ein freies Wesen* bleibt. Nicht, daß die Freiheit ein Ziel an sich ist. Aber sie bleibt das Wertvollste, was der Mensch erreichen kann. Das Heilige, das mich einhüllt und entrückt, ist Gewalt.

Der jüdische Monotheimus preist nicht eine heilige Macht, ein *numen*, das über andere numinose Mächte triumphiert, aber an ihrem verborgenen und geheimnisvollen Leben noch teilhat. Der Gott der Juden ist nicht der Überlebende mythischer Götter. Abraham, der Vater der Gläubigen, soll einem Apologeten zufolge der Sohn eines Götzenbildhändlers gewesen sein. In Terachs Abwesenheit soll er alle Götzen zertrümmert haben, außer dem größten, um ihm, in den Augen seines Vaters, die Verantwortung für das Massaker zuzuschieben. Aber der zurückgekehrte Terach kann diese phantastische Version nicht akzeptieren: er weiß, daß kein Götze der Welt die anderen Götzen zu zerstören vermag. Der Monotheimus bricht mit einer bestimmten Auffassung des Heiligen. Weder vereinheitlicht noch hierarchisiert er diese vielen numinosen Götter; er negiert sie. Gegenüber dem Göttlichen, das sie verkörpern, ist er schierer Atheismus.

Hier fühlt sich das Judentum dem Abendland sehr nahe, ich meine der Philosophie. Es ist kein bloßer Zufall, daß der Weg zur Synthese zwischen der jüdischen Offenbarung und dem griechischen Denken auf meisterhafte Weise von Maimonides vorgezeichnet wurde, auf den sich die jüdischen und moslemischen Philosophen berufen; daß schon die Weisen des Talmud eine tiefe Achtung vor der griechischen Weisheit hatten; daß für den Juden die Erziehung mit der Unterweisung verschmilzt und daß der Unwissende nicht wirklich fromm sein kann! Und es gibt sehr viele merkwürdige talmudische Texte, die versuchen, die Natur der Spiritualität Israels so darzustellen, als beruhe sie auf seiner intellektuellen Vortrefflichkeit. Gewiß nicht aus einem luziferischen Hochmut der Vernunft, sondern weil die intellektuelle Vortrefflichkeit *innerlich* ist und die »Wunder«, die sie ermöglicht, nicht wie die Thaumaturgie die Würde des verantwortlichen Menschen verletzen; vor allem aber, weil sie die Bedingungen des Handelns und der Anstrengung nicht zerstören. Daher ist im gesamten jüdischen religiösen Leben die Übung der Intelligenz so wichtig, die freilich in erster Linie dem Inhalt der Offenbarung, der *Thora* gilt. Aber der Begriff der Offenbarung erweitert sich rasch und umfaßt alles wesentliche Wissen. Ein rabbinischer Apologet zeigt Gott, wie er die Engel und Israel unterrichtet. In dieser göttlichen Schule fragen die Engel (Intelligenzen ohne Fehl, aber ohne Bosheit) Israel, das in der ersten Reihe sitzt, nach dem Sinn des göttlichen Worts. Die menschliche Existenz ist trotz der Inferiorität ihres ontologischen Rangs – aufgrund dieser Inferiorität, aufgrund dessen, was sie an Ängsten, Sorgen und Kritik birgt – der wahre Ort, an dem das göttliche Wort dem Intellekt begegnet und den Rest seiner angeblich mystischen Tugenden verliert. Aber der Apologet will uns auch sagen, daß die Wahrheit der Engel nicht anders geartet ist als die Wahrheit der Menschen, daß die Menschen Zugang haben zum göttlichen Wort, ohne daß die Ekstase sie ihrem Wesen, ihrer menschlichen Natur entreißt.

Die rigorose Behauptung der menschlichen Unabhängigkeit, ihrer geistigen Gegenwart in einer intelligiblen Realität, die Zerstörung des numinosen Begriffs des Heiligen enthalten das Risiko des Atheismus, das eingegangen werden muß. Nur dadurch erhebt sich der Mensch zum geistigen Begriff des Transzendenten. Es gereicht dem Schöpfer zu hoher Ehre, ein Wesen auf die Beine gestellt zu haben, das ihn bejaht, nachdem es ihn im Blendwerk des Mythos und des Enthusiasmus angefochten und geleugnet hatte; es gereicht Gott zu hoher Ehre, ein Wesen geschaffen zu haben, das imstande ist, ihn zu suchen oder aus der Ferne zu hören, vor dem Hintergrund der Trennung, des Atheismus. Ein Text des Traktats Taanit (S. 5) kommentiert den Vers aus Jeremia 2, 13: »Denn mein Volk hat doppeltes Unrecht verübt: mich hat es verlassen, den Quell des lebendigen Wassers, um sich Zisternen zu graben, Zisternen mit Rissen, die das Wasser nicht halten.« Er betont die doppelte Übertretung, die mit dem Götzendienst begangen wird. Den wahren Gott nicht zu kennen, ist nämlich nur ein halbes Übel: der Atheismus ist besser als die zwei mythischen Göttern huldigende Frömmigkeit, in der Simone Weil bereits die Schritte und Symbole der wahren Religion erkennt. Der Monotheismus überwindet und umschließt den Atheismus, aber er ist demjenigen verwehrt, der nicht das Alter des Zweifels, der Einsamkeit und der Auflehnung erreicht hat.

Der schwierigste Weg des Monotheismus mündet in die Straße des Abendlands. Man darf sich nämlich fragen, ob der abendländische Geist, die Philosophie letztendlich nicht die Position einer Menschheit ist, die das Risiko des Atheismus akzeptiert, das man eingehen, aber überwinden muß – als Preis ihrer Mündigkeit.

4. Die ethische Beziehung als religiöse Beziehung

Wie faßt nun das Judentum, ängstlich auf seine Unabhängigkeit bedacht, aber auch nach Gott dürstend, das Menschliche auf? Wie vereinbart es die Forderung nach einer fast schwindelerregenden Freiheit mit seinem Wunsch nach Transzendenz? Dadurch, daß es die Gegenwart Gottes in der Beziehung zum Menschen fühlt. Die *ethische Beziehung* erscheint dem Judentum als eine außergewöhnliche Beziehung: in ihr wird die menschliche Souveränität durch den Kontakt mit einem äußeren Sein nicht gefährdet, sondern im Gegenteil gestiftet und eingesetzt.

Anders als die Philosophie, für die das *Selbst* das Tor zum

Reich des Absoluten ist und die, nach dem Wort Plotins, sagt, daß »die Seele nicht zu einem anderen gelangt, sondern zu sich selbst«, und »sich dann nicht in einem befindet, sondern in sich selbst«*, lehrt uns das Judentum eine *reale* Transzendenz, eine Beziehung zu Demjenigen, den die Seele nicht enthalten kann und ohne Den sie sich in gewisser Weise selbst nicht halten kann. Für sich allein befindet sich das Ich in einem Zustand der Zerrissenheit und des Ungleichgewichts. Das heißt: es sieht sich als ein Ich, das bereits auf den anderen übergegriffen hat, gleichsam willkürlich und gewaltsam. Das Selbstbewußtsein ist keine harmlose Feststellung, die ein Ich über sein Wesen trifft, es ist untrennbar mit dem Bewußtsein von Gerechtigkeit und Ungerechtigkeit verbunden. Das Bewußtsein meiner natürlichen Ungerechtigkeit, des Schadens, den ich aufgrund meiner Struktur als Ego dem Anderen zugefügt habe, habe ich gleichzeitig wie das Bewußtsein, daß ich ein Mensch bin. Beide fallen zusammen. Der Anfang der Genesis ist für einen Kommentator des zweiten Jahrhunderts, der sich weniger um das Gedanken macht, was der Mensch erhoffen kann, als um das, was er tun muß, ein Gegenstand des Staunens: warum beginnt die Offenbarung mit dem Bericht der Schöpfung, während Gottes Gebote doch allein den Menschen angehen? Dieses Staunen prägt auch noch den Kommentator des elften Jahrhunderts, Rachi, über den die Juden der ganzen Welt seit tausend Jahren in die Bibel eindringen. Und die alte Antwort, die Rachi uns vorschlägt, besteht in der Behauptung, daß der Mensch – um das Gelobte Land zu besitzen – wissen muß, daß Gott die Erde geschaffen hat. Denn ohne dieses Wissen wird er nur durch Usurpation besitzen. Kein Recht läßt sich also von der bloßen Tatsache herleiten, daß die Person Lebensraum braucht. Das Bewußtsein meines Ich offenbart mir keinerlei Recht. Meine Freiheit erweist sich als willkürlich. Sie bedarf eines Auftrags. Die »normale« Ausübung meines Ich, das alles, was es erreichen und berühren kann, in »meines« verwandelt, wird in Frage gestellt. Besitzen heißt immer empfangen. Das gelobte Land wird in der Bibel niemals »Besitz« im römischen Sinn des Wortes sein, und der Bauer wird zur Zeit der Erstlingsfrüchte nicht an die ewigen Bande denken, die ihn an die Scholle

* Plotin, *Enneaden*, VI, 9-11.

fesseln, sondern an das Kind des Aram, seines Vorfahren, der ein *Umherirrender* war.

Aber nicht der so besondere legale Status des Grundbesitzes im Alten Testament liegt uns hier am Herzen, sondern das *Selbstbewußtsein*, das ihm zugrunde liegt, ein Bewußtsein, bei dem die Entdeckung seiner Fähigkeiten von der Entdeckung ihrer Illegalität nicht zu trennen ist. Das Selbstbewußtsein gewahrt unweigerlich, daß es in ein moralisches Bewußtsein eingebettet ist. Dieses kommt zu jenem nicht hinzu, sondern ist sein elementarer Modus. Für sich sein, das heißt schon, daß ich um meinen dem Anderen gegenüber begangenen Fehler weiß. Aber die Tatsache, daß ich mich nicht nach dem Recht des Anderen frage, weist paradoxerweise darauf hin, daß der Andere keine *Neuausgabe des Ich* ist; in seiner Eigenschaft als Anderer befindet er sich in einer Dimension der Höhe, des Ideals, des Göttlichen, und durch meine Beziehung zu anderen stehe ich im Verhältnis zu Gott.

Die moralische Beziehung vereint also zugleich das Selbstbewußtsein und das Bewußtsein von Gott. Die Ethik ist nicht die Folge der Gottesschau, sie ist diese Schau selbst. Die Ethik ist eine Optik, so daß alles, was ich von Gott weiß, und alles, was ich von Seinem Wort hören und Ihm vernünftigerweise sagen kann, einen ethischen Ausdruck finden muß. In der Heiligen Lade, aus der Moses die Stimme Gottes hört, befinden sich lediglich die Gesetzestafeln. Die Kenntnis Gottes, die wir haben können und die sich Maimonides zufolge in Form negativer Attribute ausdrückt, erhält im Licht der Moral einen positiven Sinn: »Gott ist barmherzig« bedeutet: »Seid barmherzig wie er.« Die Attribute Gottes stehen nicht im Indikativ, sondern im Imperativ. Die Kenntnis Gottes erlangen wir als ein Gebot, als eine *Mizwa*. Gott kennen heißt wissen, was zu tun ist. Hier ist die Erziehung – Gehorsam gegenüber dem anderen Willen – die höchste Unterweisung: die Kenntnis dieses Willens selbst, der die Grundlage jeder Realität ist. In der ethischen Beziehung zeigt sich der Andere zwar als absolut anders, aber diese radikale Andersheit im Vergleich zu mir zerstört nicht, leugnet nicht meine Freiheit, wie die Philosophen meinen. Die ethische Beziehung geht dem Widerstreit der Freiheiten, dem Krieg, voraus, der laut Hegel die Geschichte einleitet. Das Antlitz meines Nächsten hat eine Andersheit, die nicht allergisch ist, sie öffnet das Jenseits. Der Gott des Himmels ist zugänglich, ohne etwas von seiner Transzendenz einzubüßen, aber auch ohne die Freiheit des Gläubigen zu negieren. Diese Zwischensphäre existiert. Der Talmud sagt es, in jener scheinbaren kindlichen Sprache, die ihm in den Augen vieler seiner schnellen Leser den Ruf einträgt, etwas unentwirrbar Kompliziertes mit einer entwaffnenden Naivität zu verbinden: »Niemals ist Gott zum Sinai herabgestiegen, niemals ist Moses zum Himmel aufgestiegen. Sondern Gott faltete den Himmel wie eine Decke, breitete ihn über den Sinai und befand sich somit auf der Erde, ohne je den Himmel zu verlassen.« Das ist eine Entsakralisierung des Heiligen.

Die dem Anderen, meinem Nächsten verschaffte Gerechtigkeit schenkt mir eine unaufhebbare Nähe zu Gott. Sie ist so innig wie das Gebet und die Liturgie, die ohne Gerechtigkeit nichts sind. Gott kann aus Händen, die Gewalt ausgeübt haben, nichts empfangen. Der Fromme, das ist der Gerechte. *Gerechtigkeit* ist der Terminus, den das Judentum gefühlsbetonteren Termini vorzieht. Denn die Liebe selbst verlangt die Gerechtigkeit, und meine Beziehung zum Nächsten kann den Beziehungen, die dieser Nächste zu Dritten unterhält, nicht äußerlich bleiben. Auch der Dritte ist mein Nächster.

Das rituelle Gesetz des Judentums bestimmt die strenge Disziplin, die diese Gerechtigkeit anstrebt. Nur derjenige kann das Antlitz des Nächsten erkennen, der es verstanden hat, seiner eigenen Natur eine strenge Regel aufzuerlegen. In keinem Augenblick erhält sie den Wert eines Sakraments. In einer bemerkenswerten Stelle des Talmud verschanzt sich Rabbi Jochanan ben Sakkaj, von seinen Schülern nach den Ritualen bezüglich des Reinigungswassers in den Numeri befragt, hinter der Autorität des göttlichen Gebots. Aber er fügt hinzu, daß ohne dieses Gebot »die Berührung eines Toten nicht unrein macht und das Reinigungswasser nicht reinigt«. Der rituellen Gebärde wird keinerlei innere Macht zugeschrieben. Doch ohne sie vermag die Seele sich nicht zu Gott zu erheben.

Der Weg, der zu Gott führt, führt also *ipso facto* – und nicht obendrein – zum Menschen; und der Weg, der zum Menschen führt, bringt uns zur rituellen Disziplin, zur Selbsterziehung. Ihre Größe liegt in ihrer täglichen Regelmäßigkeit. Hier eine Stelle, in der drei Meinungen geäußert werden: die zweite zeigt an, inwiefern die erste wahr ist, und die dritte weist auf die praktischen Voraussetzungen der zweiten hin. Ben Somma sagte: »Ich habe einen Vers gefunden, der die ganze Thora enthält: Höre Israel, der Herr ist unser Gott, der Herr ist Einer.« Ben Nanas sagte: »Ich habe einen Vers gefunden, der die ganze Thora enthält: Du sollst deinen Nächsten lieben wie dich selbst.« Ben Pazi sagte: »Ich habe einen Vers gefunden, der die ganze Thora enthält: Du sollst am Morgen ein Lamm opfern und das andere am Abend.« Und Rabbi, ihr Meister, erhob sich und entschied: »Das Gesetz ist, wie Ben Pazi sagt.«

Das Gesetz ist Anstrengung. Die tagtägliche Treue zur rituellen Geste verlangt einen Mut, der ruhiger, edler und größer ist als der des Kriegers. Wir kennen die prophetische Beschwörung Israels durch Bileam: »Siehe, das Volk wird aufstehen wie ein Leopard und wird sich erheben wie ein Löwe.« Der Talmudist zögert nicht, dieses königliche Erwachen mit der souveränen Kraft eines Volkes zu vergleichen, das fähig ist, das tägliche Ritual zu vollziehen. Erschauern des Leoparden, der aufsteht, aber nicht unter einem Joch. Das Gesetz ist für den Juden niemals ein Joch. Es enthält seine eigene Freude, von der sich ein religiöses Leben sowie die ganze jüdische Mystik nährt.

Im Psalter, wo die sehnsüchtigsten Rufe nach der väterlichen Gegenwart Gottes, die Fülle dieser tröstlichen und beseligenden Gegenwart, der es »an nichts fehlt«, und die Verherrlichung Seines Königreichs, Seiner Rechtsprechung, Seiner Gesetzgebung und Seines Gesetzes so innig übereinstimmen, fühlen sich die Juden nicht ausgeschlossen von den Horizonten, die die Evangelien eröffnet haben. Der Zusammenklang von soviel Güte und soviel Rechtmäßigkeit bildet den Grundton des Judentums. Der Talmud ermißt hellsichtig die Höhe und den scheinbaren Gegensatz, aber auch die reale Wechselbeziehung der Prinzipien, die ihn erzeugen. An diesem Ort können wir die ontologische Ordnung, die ihn möglich macht, nicht analysieren. Doch nichts scheint einfacher und authentischer zu sein als ihre Vermischung in ein und demselben Vers. Der Psalmist verbindet auf beeindruckende Weise seine tiefe menschliche Not mit einer Bitte um das göttliche Gebot, um die *Mizwa*, um das

Gesetz: »Ich bin nur ein Gast auf Erden. Verbirg mir nicht deine Gebot«; so wie er das Sehnen der nach Gott dürstenden Seele mit der strengen Schau der göttlichen Gerechtigkeit vereint: »In Sehnsucht nach deinem Urteil verzehrt sich allezeit meine Seele« (119, 19.20).

5. Die Verantwortung

Daß die Beziehung zum Göttlichen über das Verhältnis zu den Menschen führt und mit der sozialen Gerechtigkeit zusammenfällt, eben dies ist der Geist der jüdischen Bibel. Moses und die Propheten kümmern sich nicht um die Unsterblichkeit der Seele, sondern um den Armen, die Witwe, die Waise und den Fremden. Die Beziehung zum Menschen, in der die Berührung mit dem Göttlichen stattfindet, ist nicht eine Art *geistige Freundschaft*, sondern diejenige, die sich in einer gerechten Ökonomie manifestiert, erprobt und erfüllt, einer Ökonomie, für die jeder Mensch voll verantwortlich ist. »Warum ernährt euer Gott, der doch der Gott der Armen ist, die Armen nicht?« fragt ein Römer Rabbi Akiba. »Damit wir der Verdammnis entrinnen können«, antwortet Rabbi Akiba. Und man kann die Unmöglichkeit, in der Gott sich befindet, die Pflichten und Verantwortlichkeiten des Menschen auf sich zu nehmen, gar nicht besser ausdrücken. Die persönliche Verantwortung des Menschen gegenüber dem Menschen ist so beschaffen, daß Gott sie nicht aufheben kann. So ist im rabbinischen Kommentar des Dialogs zwischen Gott und Kain die Frage: »Bin ich der Hüter meines Bruders?«, nicht nur eine Unverschämtheit. Sie kommt von demjenigen, der die menschliche Solidarität noch nicht empfunden hat und der meint (wie viele moderne Philosophen), daß jeder für sich existiert und daß alles erlaubt ist. Aber Gott offenbart dem Mörder, daß sein Verbrechen die natürliche Ordnung gestört hat. Und die Bibel legt Kain nun ein Wort der Unterwerfung in den Mund: »Zu groß ist meine Schuld, als daß ich sie tragen könnte.« Die Rabbiner tun so, als läsen sie in dieser Antwort eine neue Frage: »Ist meine Schuld zu groß, als daß ich sie tragen könnte? Ist sie zu schwer für den Schöpfer, der die Erde und die Himmel trägt?« Die jüdische Weisheit lehrt, daß Der, der das ganze Universum erschaffen hat und trägt, das Verbrechen, das der Mensch am Menschen begeht, nicht tragen, nicht vergeben kann. »Ist das möglich? Hat der Ewige nicht die Sünde des Goldenen Kalbs getilgt?« Und der Meister antwortet: Die Schuld gegenüber Gott untersteht der göttlichen Vergebung, die Schuld aber, die den Menschen beleidigt, untersteht Gott nicht. Der Text unterstreicht damit den Wert und die völlige Autonomie des beleidigten Menschen, so wie er die Verantwortung bejaht, die derjenige auf sich lädt, der sich am Menschen vergreift. Das Böse ist kein mystisches Prinzip, das sich durch einen Ritus auslöschen läßt, es ist eine Beleidigung, die der Mensch dem Menschen antut. Niemand, nicht einmal Gott, kann sich an die Stelle des Opfers setzen. Die Welt, in der die Vergebung allmächtig ist, wird unmenschlich.

Diese strenge Doktrin führt nicht zur Unmenschlichkeit der Verzweiflung. Gott ist geduldig, das heißt, er läßt dem Menschen Zeit, wartet auf seine Rückkehr, auf seine Trennung oder seine Wiederherstellung. Das Judentum glaubt an diese Wiederherstellung des Menschen ohne den Eingriff außermenschlicher Faktoren, einzig mit Hilfe des Wissens um das Gute und das Gesetz. »Alles liegt in Gottes Hand, nur nicht die Furcht vor Gott.« Die Möglichkeiten der menschlichen Anstrengung sind unbegrenzt. Schließlich gibt es den Beistand einer gerechten Gesellschaft, der dem Ungerechten zugute kommen kann.

Aber nichts an diesem Beistand ähnelt der Gemeinschaft der Heiligen. Die Transitivität des erlösenden Aktes ist erzieherisch. Wir kennen die wunderbaren Stellen bei Ezechiel, wo sich die Verantwortung des Menschen auf die Handlungen seines Nächsten erstreckt. Unter Menschen haftet jeder einzelne für die Fehler der anderen. Und selbst für den Gerechten, der zu verderben droht, haften wir. Weiter läßt sich die Idee der Solidarität nicht treiben.

Das Streben nach einer gerechten Gesellschaft ist also im Judentum, jenseits aller individuellen Frömmigkeit, eine höchst religiöse Tat. Ein Text des Traktats Taanit preist diese Rettung des Ungerechten durch den Gerechten. Die Entstehung einer gerechten Gesellschaft – derjenigen, die »den Regen empfängt« – wird mit den Augenblicken verglichen, die in jeder Theologie den Höhepunkt des religiösen Lebens markieren. Rabbi Abbahu sagte: »Der Tag des Regens ist größer als die Auferstehung der Toten, denn die Auferstehung der Toten betrifft nur die Gerechten, der Regen aber betrifft sowohl die Gerechten wie die Ungerechten.« Rabbi Jehuda sagte: »Der Tag des Regens ist so groß wie der Tag, an dem die Thora erteilt wurde.« Rabbi Hama ben Chanina sagte: »Der Tag des Regens ist so groß wie der Tag, an dem Himmel und Erde geschaffen wurden.« Unterordnung aller möglichen Beziehungen zwischen Gott und den Menschen – Erlösung, Offenbarung, Schöpfung – unter die Schaffung einer Gesellschaft, in der die Gerechtigkeit nicht nur Wunsch der individuellen Frömmigkeit bleibt, sondern stark genug ist, sich auf alles zu erstrecken und Wirklichkeit zu werden.

Vielleicht ist es diese Geisteshaltung, der die Bezeichnung jüdischer Messianismus gebührt.

6. Der Universalismus

Die Rolle, die die Ethik in der religiösen Beziehung spielt, erlaubt es, den Sinn des jüdischen Universalismus zu verstehen.

Eine Wahrheit ist universell, wenn sie für jedes vernunftbegabte Wesen gilt. Eine Religion ist universell, wenn sie allen offensteht. Und in diesem Sinne hat sich das Judentum, indem es das Göttliche mit der Moral verband, immer als universell verstanden. Aber die Offenbarung der Moral, die eine menschliche Gesellschaft enthüllt, enthüllt auch den auserwählten Platz, der in dieser universellen menschlichen Gesellschaft demjenigen zufällt, der diese Offenbarung empfängt. Eine Auserwählung, die nicht in Privilegien, sondern in Verantwortlichkeiten besteht. Ein Adel, der nicht auf einem Urheberrecht oder auf einem hergebrachten Recht beruht, das kraft einer göttlichen Laune gewährt wurde, sondern auf der Position jedes menschlichen Ich. Jeder, als »ich«, ist, von allen anderen abgesehen, jemand, dem die moralische Pflicht geschuldet ist. Die grundlegende Intuition der Moral besteht vielleicht darin, zu erkennen, daß ich dem Anderen nicht *gleich* bin; und zwar im folgenden sehr strengen Sinn: ich sehe mich dem Anderen gegenüber *verpflichtet*, und infolgedessen bin ich mir selbst gegenüber unendlich anspruchsvoller als gegenüber den anderen. »Je gerechter ich bin, desto strenger wird über mich gerichtet«, sagt ein Text des Talmud. Daher gibt es kein moralisches Bewußtsein, daß nicht Bewußtsein dieser außergewöhnlichen Position ist, das nicht ein Bewußtsein der Auserwählung ist. Die Gegenseitigkeit ist eine Struktur, die auf einer ursprünglichen Ungleichheit beruht. Damit die Gleichheit in die Welt Einzug halten kann, müssen die Menschen imstande sein, mehr von sich selbst zu fordern als vom anderen, spüren, daß sie eine Verantwortung tragen, von der das Schicksal der Menschheit abhängt, und sich in diesem Sinn von der Menschheit absetzen. Diese »Stellung abseits der Völker« – von denen der Pentateuch spricht – ist im Begriff Israels und seiner Besonderheit verwirklicht. Es handelt sich um eine Besonderheit, die die Universalität bedingt. Und es handelt sich mehr um eine moralische Kategorie denn um das historische Faktum Israel, auch wenn das historische Israel tatsächlich dem Begriff Israel treu geblieben ist und moralisch spürte, daß es Verantwortungen und Pflichten hat, die es zwar von niemandem verlangt, die jedoch die Welt tragen.

Nach einem Apologeten des Talmud kann sich nur an dem Ort, wo der Kult einer auserwählten Gesellschaft zelebriert wird, das Heil einer Menschheit vollziehen. Die Zerstörung des Tempels hat die Ökonomie der Welt verdorben. Und Rabbi Meir – einer der wichtigsten Rechtsgelehrten – konnte sagen, daß ein Heide, der die Thora kennt, dem Hohenpriester ebenbürtig ist. So sehr läßt sich der Begriff Israel im Talmud von jeglichem historischen, nationalen, lokalen und rassichen Begriff trennen.

7. Bürger moderner Staaten

Die erste Beziehung des Menschen zum Sein verläuft über seine Beziehung zum Menschen.

Der jüdische Mensch entdeckt den Menschen, bevor er die Landschaften und die Städte entdeckt. Er ist in einer Gesellschaft heimisch, bevor er in einem Haus heimisch ist. Er begreift die Welt mehr vom Anderen her als die Gesamtheit des Seins in bezug auf die Erde. In gewissem Sinn ist er ein Gast auf Erden, wie der Psalmist sagt, und die Erde gewinnt für ihn in einer menschlichen Gesellschaft Sinn. Dies ist keine Analyse der zeitgenössischen jüdischen Seele, sondern die wörtliche Lehre der

Bibel, wo die Erde kein individueller Besitz ist, denn sie gehört Gott. Der Mensch beginnt in der Wüste, wo er in Zelten wohnt und wo er Gott in einem Tempel anbetet, der sich transportieren läßt. Im Laufe seiner ganzen Geschichte erinnert sich das Judentum daran, daß diese freie Existenz – frei gegenüber den Landschaften und den Architekturen, gegenüber all diesen schwerfälligen und seßhaften Dingen, die man dem Menschen vorzuziehen versucht ist – in den Feldern oder in den Städten wurzelt. Das Laubhüttenfest ist die liturgische Form dieses Gedächtnisses, und der Prophet Sacharja kündigt für die messianischen Zeiten das Hüttenfest als Fest aller Völker an. Die Freiheit gegenüber den seßhaften Formen der Existenz ist vielleicht die menschliche Art und Weise, auf der Welt zu sein. Für das Judentum wird die Welt durch ein menschliches Antlitz intelligibel und nicht, wie für einen großen zeitgenössischen Philosophen, der einen wichtigen Aspekt des Abendlands resümiert, durch Häuser, Tempel und Brücken.

Diese Freiheit ist nicht krankhaft, nicht verkrampft und nicht zerfleischend. Sie rückt die Werte der Verwurzelung in den Hintergrund und begründet andere Formen der Treue und Verantwortung. Schließlich ist der Mensch kein Baum und die Menschheit kein Wald. Menschlichere Formen – denn sie setzen das bewußte Engagement voraus; freiere Formen – denn sie ermöglichen es, größere Horizonte als die des Geburtsorts sowie eine menschliche Gesellschaft zu erahnen.

Sind diese bewußt gewollten Bande, diese frei anerkannten Bande – mit allen Traditionen, die die Freiheiten beinhalten – nicht eben diejenigen, die moderne Nationen ausmachen, die sich eher durch den Entschluß definieren, gemeinsam zu arbeiten, als durch die obskuren Wege der Vererbung? Sind diese anerkannten Bande weniger stark als die Verwurzelung? In einem Fall gewiß: dann nämlich, wenn die von ihnen gebildeten Gruppen nicht mehr den moralischen Werten entsprechen, in deren Namen sie sich gebildet haben. Aber muß man dem Menschen nicht das Recht einräumen, im Namen des moralischen Bewußtseins die Geschichte zu beurteilen, zu der er gehört, statt dieses Recht dem Urteil der anonymen Geschichte zu überlassen? Freiheit gegenüber der Geschichte im Namen der Moral, Gerechtigkeit vor Kultur (Land der Vorfahren, Architektur,

Künste) – dies sind letztlich die Termini, die ausdrücken, auf welche Weise der Jude Gott begegnet ist.

Der alte Hillel, der große Rechtsgelehrte aus dem ersten Jahrhundert vor Christus, rief, als er einen Schädel auf einem Wasserlauf vorbeischwimmen sah: »Du bist getötet worden, weil du getötet hast, aber auch diejenigen, die dich getötet haben, werden getötet werden.« Auch wenn die Verbrechen der Geschichte nicht immer Unschuldige treffen, so sind sie noch lange keine Urteile. Zu Unrecht begreifen wir die Kette der Gewalttaten, die die Zeit erfüllten, als Verdikte der Geschichte und die Geschichte selbst als Richter. Hillel wußte, daß die Geschichte nicht richtet und daß sie, ihrem Schicksal überlassen, die Verbrechen zurückwirft. Daß nichts – kein Ereignis der Geschichte – über ein Bewußtsein richten kann. Eben dies behauptet die theologische Sprache, wenn sie das Wunderbare einer solchen Freiheit ermißt, wenn sie sagt, daß Gott allein richtet.

Judentum*

Das Wort »Judentum« umfaßt heutzutage ganz verschiedene Bedeutungen. Es bezeichnet in erster Linie eine Religion – ein System von Glaubensinhalten, Riten und moralischen Vorschriften, die auf der Bibel, auf dem Talmud sowie auf der rabbinischen Literatur beruhen, häufig in Verbindung mit der Mystik oder der Theosophie der Kabbala. Die Hauptformen dieser Religion haben sich seit nahezu zweitausend Jahren kaum verändert und zeugen von einem vollkommen seiner selbst bewußten Geist, der sich in einer religiösen und moralischen Literatur widerspiegelt, aber auch andere Entfaltungen zuläßt. »Judentum« bedeutet demnach eine Kultur – Resultat oder Grundlage der Religion –, die jedoch eine eigene Entwicklung hat. Überall in der Welt – sogar im Staat Israel – berufen sich Juden ohne Glauben, ohne religiöse Praxis darauf. Für Millionen Israeliten, die sich der umgebenden Zivilisation assimiliert haben, läßt sich das Judentum nicht einmal als Kultur bezeichnen. Es ist eine diffuse Sensibilität, die aus einigen Ideen und Erinnerungen, aus einigen Bräuchen und Gefühlen besteht, aus einer Solidarität mit den aufgrund ihres Judentums verfolgten Juden.

Jedoch wurden diese Sensibilität, diese Kultur und diese Religion von außen als Aspekte einer stark ausgeprägten Entität wahrgenommen, die man kaum einzuordnen weiß. Nationalität oder Religion? Versteinerte Zivilisation, die sich überlebt, oder Ferment einer besseren Welt? Geheimnis Israel! Diese Verlegenheit spiegelt eine in ihrer Art einzigartige historische Präsenz wider. In der Tat gehört das Judentum, Quelle der großen monotheistischen Religionen, denen die moderne Welt ebensoviel verdankt wie der griechischen und römischen Antike, zur lebendigen Aktualität, neben seinem Beitrag an Begriffen und Büchern, dank Männern und Frauen, die als Pioniere großer Unternehmungen und Opfer großer historischer Erschütterungen in gerader und ununterbrochener Linie mit dem Volk der Heiligen Geschichte verbunden sind. Der Versuch, in Palästina einen

* Erschienen in *Encyclopedia Universalis.*

Staat wiederzuerrichten und die einstigen schöpferischen Eingebungen von universeller Bedeutung wiederzufinden, ist außerhalb der Bibel nicht vorstellbar.

Läuft die außergewöhnliche Essenz des Judentums – in quadratischen Buchstaben niedergelegt und lebendige Gesichter erhellend, alte Doktrin und zeitgenössische Geschichte zugleich – nicht Gefahr, eine mythische Vision zu begünstigen, deren Spiritualität indes der Analyse zugänglich ist? Die objektive Wissenschaft – Soziologie, Geschichte, Philologie – bemüht sich, die Ausnahme zur Regel zu machen. Die Westjuden waren die Vorreiter dieses Bestrebens. Mit Spinozas *Theologisch-politischem Traktat* setzt gegen Ende des 17. Jahrhunderts die kritische Lektüre der Schriften ein. Zu Beginn des 19. Jahrhunderts verwandelten die Begründer der berühmten »Wissenschaft des Judentums« die heiligen Schriften in bloße Dokumente. Die Paradoxa eines beispiellosen Schicksals und einer absoluten Lehre lassen sich ohne weiteres in den wissenschaftlichen Kategorien unterbringen, die für alle geistigen Realitäten und alle anderen menschlichen Partikularismen geschaffen wurden. Alles erklärt sich durch Ursachen; und in den methodisch erforschten und entdeckten Einflüssen lösen sich viele Originalitäten auf. Vielleicht geht das Judentum mit einem stärkeren Bewußtsein dessen, was es empfangen hat, daraus hervor, doch ist es sich seiner Wahrnehmung immer weniger sicher.

Allerdings darf man sich fragen, ob die wissenschaftliche Thematisierung einer geistigen Bewegung uns ihren wahren Beitrag und ihre wirkliche Bedeutung erschließt. Zeigt die Weisheit ihre Seele und gibt sie ihr Geheimnis preis, auch wenn sie nicht die Kraft hatte, als Botschaft zu ertönen oder als Berufung herauszufordern? Trotz der Vielfalt der Formen und Ebenen, in der es fortbesteht, findet das jüdische Bewußtsein in Zeiten großer Krisen zu seiner Einheit und Einmaligkeit zurück, dann nämlich, wenn sich die ungewöhnliche Verbindung von Texten und Menschen, denen die Sprache dieser Texte häufig unbekannt ist, im Opfer und in der Verfolgung erneuert. Die Erinnerung an diese Krisen nährt die Zeitspanne der Ruhe.

In diesen außergewöhnlichen Momenten verliert das hellsichtige Werk der Wissenschaft des Judentums, die das Wunder der Offenbarung oder den nationalen Geist auf eine Vielzahl von

Einflüssen zurückführt, seine geistige Bedeutung. Anstelle des Wunders der einzigen Quelle leuchtet das Wunder des Zusammenschlusses. Er wird als eine Stimme vernommen, die aus der Tiefe konvergierender Texte ruft und in einer Sensibilität und einem Denken widerhallt, die auf sie warten. Was sagt die Stimme Israels und wie läßt sie sich in wenigen Sätzen wiedergeben? Vielleicht sagt sie nichts anderes als den Monotheimus, zu dem die jüdische Bibel die Menschheit geführt hat. Anfangs mag man vor dieser zu alten Wahrheit oder diesem allzu zweifelhaften Anspruch zurückschrecken. Aber das Wort bezeichnet eine Gesamtheit von Bedeutungen, vor deren Hintergrund der Schatten des Göttlichen, jenseits aller Theologie und allen Dogmatismus, auf die Wüsten der Barbarei fällt: dem Höchsten folgen, nur dem Einen Treue bewahren; dem Mythos mißtrauen, durch den sich die vollendete Tatsache, die Zwänge des Brauchtums und der Scholle sowie der machiavellistische Staat und seine Staatsräson durchsetzen; dem Höchsten folgen, da nichts höher ist als das Zugehen auf den Mitmenschen, als die Sorge um das Schicksal »der Witwen, Waisen, Fremden und Armen« und da eine Annäherung »mit leeren Händen« keine Annäherung ist; somit spielt sich das Abenteuer des Geistes auf der Erde ab, unter den Menschen; das Trauma meiner Sklaverei in Ägypten begründet meine Menschlichkeit – was mich von vornherein allen Proletariern, allen Elenden, allen Verfolgten der Erde nahebringt; in der Verantwortung für den anderen Menschen liegt meine Einmaligkeit: ich kann sie auf niemanden abwälzen, so wie ich mich für meinen Tod nicht ersetzen lassen kann; daher der Begriff eines Geschöpfes, das die Chance hat, sich zu retten, ohne dem Egoismus des Heils zu verfallen; damit ist der Mensch für die Absichten Gottes unerläßlich oder, genauer gesagt, ist nichts anderes als die göttlichen Absichten im Sein; daher auch die Idee der Auserwähltheit, die in Hochmut ausarten kann, ursprünglich jedoch das Bewußtsein einer unabweisbaren Zuschreibung ausdrückt, von der die Ethik lebt und aufgrund derer die Unversalität des verfolgten Ziels die Einsamkeit einschließt, die Absonderung des Verantwortlichen; der Mensch wird gefordert im Urteil und in der Gerechtigkeit, die diese Verantwortung anerkennen – die Barmherzigkeit mildert die Strenge des Gesetzes, ohne es aufzuheben; der Mensch kann, was er soll; er kann die feindlichen Kräfte der Geschichte beherrschen, indem er ein messianisches Reich verwirklicht, ein Reich der Gerechtigkeit, wie es die Propheten verkündeten; das Warten auf den Messias ist die Dauer der Zeit selbst.

Extremer Humanismus eines Gottes, der dem Menschen viel abverlangt. Nach Ansicht vieler verlangt Er ihm zuviel ab! Vielleicht ist gerade ein Ritualismus, der alle Gesten des täglichen Lebens des vollständigen Juden regelt, das berühmte Joch des Gesetzes – das von den frommen Seelen als Freude empfunden wird –, der charakteristischste Aspekt der jüdischen Existenz. Er hat sie durch die Jahrhunderte hindurch geschützt. Er hält diese Existenz in ihrem natürlichen Sein gleichsam auf Distanz zur Natur. Vielleicht aber dadurch gleichsam in Gegenwart des Höchsten.

Das Judentum und das Weibliche*

Die jüdische Weltsicht kommt in der Bibel zum Ausdruck, jedoch in der Bibel, wie sie die rabbinische Literatur widerspiegelt, deren Hauptteil der Talmud und dessen Kommentatoren bilden. Der Talmud, zwischen dem 2. und dem 7. Jahrhundert schriftlich niedergelegt, geht auf eine Tradition zurück, die sehr viel älter ist als das Christentum und deren Manifestationen bereits deutlich in den Strukturen erscheinen, die das jüdische Leben seit dem Ende des ersten Exils erhalten hatte. Der biblische Kanon, so wie wir ihn heute kennen, entstand und übertrug sich unter dem Einfluß dieser Tradition. Schließlich hatte auch das Christentum das Alte Testament aus den Händen der Pharisäer erhalten.

Was immer es mit den vom Talmud verwendeten exegetischen Verfahren auf sich haben mag, der Sinn des Alten Testaments enthüllt sich den Juden vor dem Hintergrund der talmudischen Tradition. Sie bildet nicht den folkloristischen Schatz Israels, auch wenn sie zuweilen diesen Anschein erweckt. Ihre Spitzfindigkeit verschmäht auch völlig schmucklose Formen nicht. Nichts ist weniger naiv als diese Lehrfabeln. Es fällt nicht leicht, diese grundlegenden Texte zu durchblättern, sie zu überfliegen oder ihre Schärfe einem Publikum nahezubringen, dem die Sprache und die Methode, in denen dieses Denken sich denkt, ungewohnt ist. Es gibt eine Esoterik, die nicht vom Geheimnis der Lehre, sondern von ihrer Strenge abhängt.

Gewiß kann man sich fragen, ob Ideen, die nicht in die Massen Eingang finden können und sich nicht in Technik verwandeln, noch den Gang der Welt bestimmen und ob das Christentum nicht das letzte und einzige Tor des Judentums zur Großen Geschichte gewesen war. Doch das hieße von vornherein den inneren Wert der Wahrheit geringachten, ihm keine andere Universalität zugestehen als diejenige, die sie vom Konsens aller erhält. Es hieße vor allem glauben, die offenbarte Idee lebe ständig in der Geschichte, in der sie sich offenbart hat. Es hieße

* Erschienen in *Age Nouveau*, 1960, Nr. 107-108.

ihr ein inneres Leben und plötzliche, eruptive Einbrüche in die Geschichte absprechen. Es hieße die vulkanische Existenz des Geistes und letztlich sogar die Möglichkeit des revolutionären Phänomens verkennen.

Ich muß mich für diese prinzipielle Erklärung entschuldigen, mit der ich die folgenden bescheidenen Betrachtungen über die Frau im jüdischen Denken einleite. Aber sie verdeutlicht, warum sich dieses Denken nicht von den rabbinischen Quellen trennen läßt und warum ich akzeptiere, darüber zu sprechen, auch wenn ich keinerlei Hang zur Archäologie verspüre, und warum die Analysen, an die ich mich wage, nur zaghafte und zugleich riskante Annäherungen an dieses Denken sind.

I.

Die Züge der jüdischen Frau festigen sich dank den anziehenden weiblichen Gestalten des Alten Testaments. Die Gattinnen der Patriarchen, die Prophetinnen Mirjam und Debora, Judas Schwiegertochter Tamar, die Töchter von Tslofchad, Naomi und die Moabiterin Rut, Sauls Tochter Michal, Abigail, Batseba, die Sunamiterin, und viele andere spielen in der Erfüllung der biblischen Zielrichtung eine aktive Rolle und befinden sich an den Angelpunkten der heiligen Geschichte selbst. Wir sind weit entfernt von den Zufälligkeiten des Orients, wo die Frau, innerhalb einer männlichen Zivilisation, ganz der männlichen Willkür untergeordnet oder darauf beschränkt ist, das harte Leben der Männer zu verzaubern oder zu erfreuen. Ohne Saras harte Entscheidung wäre Isaak in die gewalttätigen Spiele und das Gelächter seines Bruders hineingezogen worden; ohne Rebekkas List hätte Esau über Israel gesiegt; ohne Leas und Rahels Komplizenschaft hätte Laban Jakobs Rückkehr verhindert; ohne Mirjam wäre Moses nicht von seiner Mutter gestillt worden; David und der Fürst der Gerechtigkeit, der eines Tages aus ihm erwachsen sollte, wären nicht möglich ohne die Hartnäckigkeit von Tamar, ohne die treue Rut, ohne Batsebas politisches Genie. Alle Weichen dieser schwierigen Bahn, auf der der Zug der messianischen Geschichte wohl tausendmal zu entgleisen drohte, wurden von Frauen bewacht und gestellt. Die biblischen

Ereignisse wären anders verlaufen ohne ihre wachsame Hellsicht, ohne ihre Entschlußkraft, ohne ihre Gewitztheit und ohne ihren Opfergeist. Und die Welt, in der sich diese Ereignisse abspielten, wäre anders strukturiert gewesen, als sie es war – und heute noch ist und immerdar sein wird –, ohne die geheime, fast verschwindende Anwesenheit jener Mütter, Gattinnen und Töchter, ohne ihre leisen Schritte in den tiefen Schichten des Realen, wo sie die Dimension der Innerlichkeit selbst vorzeichneten und die Welt bewohnbar machten. Das Haus ist die Frau, wird der Talmud uns sagen. Über die psychologische und soziologische Evidenz einer solchen Behauptung hinaus empfindet die rabbinische Tradition sie als entscheidende Wahrheit. Das Schlußkapitel der »Sprichwörter«, in dem die Frau, unbekümmert um »Schönheit und Anmut«, als Geist des Herdes erscheint und eben dadurch das öffentliche Leben des Mannes ermöglicht, läßt sich notfalls als moralisches Paradigma lesen. Doch im Judentum hat die Moral stets die Bedeutung einer ontologischen Grundlage. Das Weibliche gehört zu den Kategorien des Seins. Die Schriftgelehrten wagen es, zu den zehn »Worten«, die dazu dienten, die Welt zu erschaffen, das Wort zu zählen, das besagt, »es ist nicht gut, daß der Mensch allein bleibt«. Um es in diese Zahl der zehn Worte einzubeziehen, schließt Rabbi Menachem bar Josse das andere Wort aus, das besagt, »und Gottes Geist schwebte über den Wassern«. Und wenn Rabbi Josse (der nicht unbedingt, wie in den Enzyklopädien gesagt wird, der »Vater des Vorherigen« ist) den Propheten Elia trifft, fragt er lediglich, was der Vers der *Genesis* über die Frau bedeutet, »die Adam eine Hilfe ist«. Aber der Glücksfall einer derart wunderbaren Begegnung – in den talmudischen Parabeln gibt es sie zuweilen – ist über eine scheinbar derart platte Frage nicht erhaben.

Die Antwort des Propheten legt die Rolle der Frau fest und bewahrt dabei den Ton, in dem die Frage gestellt wurde: »Der Mann holt Weizen – soll er etwa Weizen kauen? Er holt Flachs – soll er etwa Flachs anziehen? Die Frau erleuchtet ihm die Augen und bringt ihn auf die Füße.« Ist sie dazu da, Weizen zu mahlen und Flachs zu weben? Ein Sklave wäre dieser Aufgabe gewachsen. Gewiß könnte man in dem zitierten Text eine Bestätigung für den dienenden Status der Frau sehen. Dennoch drängt sich eine nuanciertere Interpretation auf, wenn man die Prägnanz des talmudischen Denkens und die »kategoriale« Würde der von ihm zitierten Beispiele kennt. Jener Weizen und jener Flachs werden der Natur mittels der Arbeit des Mannes entrissen. Sie zeugen vom Bruch des spontanen Lebens, vom Ende des in der unmittelbaren, gegebenen Natur verborgenen instinktiven Lebens. Sie bezeichnen den Anfang dessen, was man in aller Deutlichkeit das Leben des Geistes nennen kann. Doch es bleibt eine unüberwindliche »Roheit« in den Produkten unserer erobernden Zivilisation bestehen. Diese Welt, in der sich mehr und mehr die Vernunft zu erkennen gibt, ist nicht bewohnbar. Sie ist hart und kalt wie jene Depots, in denen sich Waren stapeln, die nicht befriedigen können: sie können weder jene kleiden, die nackt sind, noch diejenigen nähren, die Hunger haben. Sie ist unpersönlich wie die Fabrikhallen und die Industriegebiete, wo die hergestellten Dinge abstrakt bleiben, wahr von Wahrheit, berechenbar und in den anonymen Kreislauf der Ökonomie gezogen. Sie entspringen ausgeklügelten Planungen, die das Unheil nicht verhindern können, sondern vorbereiten. Da ist er, der Geist in seinem männlichen Wesen, der *draußen lebt*, der prallen Sonne ausgesetzt, die blind macht, den Meereswinden, die ihn peitschen und niederwerfen, auf einer Erde ohne Schlupfwinkel, heimatlos, einsam und umherirrend und schon dadurch den erzeugten Dingen entfremdet, die er hervorgerufen hatte und die sich nun ungezähmt und feindselig vor ihm aufrichten.

Der herrschaftlichen Arbeit die dienende Arbeit hinzuzufügen, löst den Widerspruch nicht auf. Die geblendeten Augen erleuchten, alles wieder auf die Füße stellen – also eine Entfremdung überwinden, die letztlich der Männlichkeit des universalen und erobernden Logos selbst entspringt, der sogar die Schatten vertreibt, die ihm hätten Schutz bieten können –, eben das wäre die ontologische Funktion des Weiblichen, die Berufung derjenigen, »die nicht erobert«. Die Frau kommt nicht einfach daher, um einem der menschlichen Beziehungen beraubten Wesen Gesellschaft zu leisten. Sie antwortet einer Einsamkeit, die diesem Mangel innewohnt, und – noch seltsamer – einer Einsamkeit, die trotz der Gegenwart Gottes fortbesteht; einer Einsamkeit im Universalen, dem Unmenschlichen, das erneut zum Vorschein kommt, wenn das Menschliche die Natur bereits unterworfen und sich zum Denken aufgeschwungen hat. Damit die unvermeidliche Entwurzelung des Denkens, das die Welt beherrscht, sich eine Ruhepause gefallen läßt – eine Einkehr –, muß sich in der Geometrie der unendlichen, kalten Räume die befremdliche Schwäche der Sanftmut zeigen. Ihr Name ist Frau. Die Einkehr bei sich selbst, diese Sammlung, dieses Auftauchen des *Orts* im Raum, erfolgt nicht wie bei Heidegger aus einer Geste des Erbauens, einer Architektur, die eine Landschaft gestaltet, sondern aus der Interiorität des Hauses, bei dem das »Innen« so gut wäre wie das »Außen« ohne die wesentliche Diskretion der weiblichen Existenz, die darin wohnt, die die Wohnstatt schlechthin ist. Sie macht den Weizen zu Brot und den Flachs zu Kleidung. Die Frau, die Braut, ist nicht die Vereinigung aller Vollkommenheiten der Zärtlichkeit und Güte, die an sich bestehenblieben, in einem einzigen Menschen. Alles geht so vor sich, als wäre das Weibliche deren ursprüngliche Manifestation, das Sanfte an sich, der Ursprung aller Sanftmut der Erde.

Das eheliche Band ist demnach sowohl ein soziales Band als auch ein Augenblick der Selbstbewußtwerdung, die Art und Weise, wie ein Mensch sich identifiziert und sich findet. Die mündliche Überlieferung betont es. Hat Gott den Namen Adam nicht dem Mann und der Frau gemeinsam gegeben, als wären sie beide eins, als könnte die Einheit der Person die Gefahren, die auf sie lauern, nur durch eine Dualität bezwingen, die sich ihrem eigenen Wesen einschriebe? Eine dramatische Dualität, denn es kann zu einem Konflikt und zur Katastrophe kommen; die Freundin kann zur furchtbarsten Feindin werden. Nur unter Risiken kehrt der gleichmütige und bedingungslose Geist, der weht, wo er will, zu sich zurück und ruht sich im Glück aus. Doch »ein Mann, der keine Frau hat, lebt ohne Freude, ohne Segen und ohne Güte«. Er kennt nichts von dem, was eine Seele braucht! Rabbi Jehoscha ben Levi fügte hinzu: »Weder Frieden noch Leben.« Er kennt nichts von dem, was sein natürliches Leben in Ethik verwandelt, nichts von dem, was es erlaubt, als Leben zu leben, nicht einmal den Tod, den man für einen anderen stirbt. Manche schließlich sagen: »Ein Mann, der keine Frau hat, verkleinert das Bild Gottes in der Welt.« Und das führt uns zu einer weiteren Dimension des Weiblichen: zur Mutterschaft.

2.

In gewissem Sinn wird der Frau im Judentum lediglich das Los des Menschen zuteil, dessen Weiblichkeit nur als ein Attribut erscheint. Die Institutionen, die ihren juristischen Status definieren, bezeugen diese Bestimmung eines moralischen Seins. Ihr revolutionärer Charakter im Vergleich zu den Sitten und Bräuchen der Epoche und zu den östlichen Zivilisationen, in denen die Welt der Bibel angesiedelt ist, bricht trotz den rituellen Formen hervor, die dieser Status annimmt. Die Riten, die beispielsweise das Buch *Numeri* der des Ehebruchs verdächtigen Frau auferlegt, bestehen nämlich darin, die »menschliche Person« in ihr zu achten, sie der Willkür des Ehemanns zu entziehen, die blinde Eifersucht durch ein langes Verfahren von der Leidenschaft zu reinigen, Schlichtung und Entscheidung den Priestern, der Öffentlichkeit, einem Dritten zu überlassen.

Diese juristischen Prinzipien bringen in Wahrheit nur eines der ständigen Themen des jüdischen Denkens zum Ausdruck. Die Weiblichkeit der Frau vermag ihre menschliche Essenz weder zu deformieren noch zu absorbieren. »Die Frau soll *ischah* (Männin) heißen, weil sie vom *isch* (Mann) genommen ist«, erzählt die Bibel. Die Schriftgelehrten bemächtigen sich dieser Etymologie, um die einzigartige Würde des Hebräischen zu bekräftigen, das das Geheimnis der Schöpfung ausdrückt: die Frau stammt quasi grammatisch vom Mann ab.

Eine Abstammung, die sich von der biologischen Entwicklung stark unterscheidet. Zwei verschiedene Schöpfungshandlungen waren für Adam erforderlich – die eine für den Mann in Adam, die zweite für die Frau, versichert ein rabbinischer Text. Ein anderer hebt den Vorrang hervor, der Sara auf der Ebene der Weissagung vor Abraham zukam. Eva vernahm das göttliche Wort. Als Gesprächspartner Gottes kann die Frau diese Würde nicht mehr verlieren, und einem kühnen Wort der Weisen zufolge empfängt sie sogar auf der Ebene ihrer biologischen Existenz ihren männlichen Partner stets von vorn. Das Verhältnis von Person zu Person geht jedem anderen Verhältnis voraus.

Die totale Ursprünglichkeit des »Weiblichen« im Verhältnis zum »Weibchen«-Prinzip kommt in einer anderen Parabel zum Ausdruck (keusch zu lesen in diesem Kontext der Reinheit, in dem der Talmud von der Sexualität zu sprechen versteht), der zufolge sich Adam allen Lebenden näherte, die von ihm ihren Namen erhalten hatten, blieb jedoch unbefriedigt, bis Eva erschien, die er als ebenbürtiges Wesen begrüßte. Die Legende betont auch die Tatsache, daß Eva nur dann erscheinen kann, wenn sie von Adam erwartet und herbeigesehnt wird. Sie bot sich Adam nicht dar wie etwas fertig Vollendetes, als sei sie im Namen einer vorgeblich natürlichen Notwendigkeit für die »biologischen Bedürfnisse« vorgesehen. Das Unglück, dessen Ursache sie war, weist bereits auf ein soziales Unglück hin, für das die Männer die Verantwortung tragen und bei dem man kein Schicksal, keine Natur und keinen Gott anklagen kann.

Wenn die Frau den Mann ergänzt, so ergänzt sie ihn nicht, wie ein Teil einen anderen zu einem Ganzen ergänzt, sondern, wenn man so sagen darf, wie zwei Totalitäten einander ergänzen, was überhaupt das Wunder der sozialen Beziehungen ist. In dieser Perspektive steht die Diskussion zwischen Raw und Schemuel über die Erschaffung Evas. Stammte sie aus einer Rippe Adams? War diese Rippe nicht vielmehr eine *Seite* Adams, erschaffen als ein einziges Wesen mit zwei Gesichtern, das Gott trennte, als Adam, noch androgyn, schlief. Ein Thema, das vielleicht aus Platons *Gastmahl* hervorgegangen ist, bei den Schriftgelehrten jedoch eine neue Bedeutung erhält. Die beiden Seiten des ursprünglichen Adam blicken von Anfang an in die Richtung, der sie immer zugewandt bleiben werden. Es sind von vornherein Gesichter, während Platons Gott sie nach der Trennung umdreht. Ihre neue Existenz, die getrennte Existenz, kommt nicht wie bei Platon als Strafe für die Vermessenheit einer allzu vollkommenen Natur. Die getrennte Existenz ist den Juden angemessener als die ursprüngliche Einheit.

»Fleisch von meinem Fleisch und Bein von meinem Bein« bedeutet also eine naturgemäße Identität von Frau und Mann, eine Identität des Schicksals und der Würde und ebenso eine Unterordnung des sexuellen Lebens unter das persönliche Verhältnis, das die Gleichheit an sich ist.

Ideen, die älter sind als die Prinzipien, in deren Namen die moderne Frau für ihre Emanzipation kämpft, aber *Wahrheit* aller dieser Prinzipien auf einer Ebene, auf der auch die These fortbesteht, die sich dem Bild eines anfänglich androgynen Wesens widersetzt und sich der volkstümlichen Vorstellung der Rippe anschließt. Sie hält an einer sicheren Priorität des Männlichen fest. Dieses bleibt der Prototyp des Menschlichen und bestimmt die Eschatologie, in bezug auf die auch die Mutterschaft definiert wird: das Heil der Menschheit. Die Gerechtigkeit, die die Beziehungen unter den Menschen regelt, entspricht der Gegenwart Gottes unter ihnen. Die Unterschiede zwischen Männlichem und Weiblichem verschwinden in jenen messianischen Zeiten.

Die Mutterschaft ist in der rabbinischen Interpretation der Liebe einem menschlichen Schicksal untergeordnet, das über die »Freuden der Familie« hinausgeht: man muß Israel vollenden, »das Bild Gottes vervielfachen«, das dem Antlitz der Menschen eingeschrieben ist. Nicht, daß die eheliche Liebe keinerlei eigene Bedeutung hat, daß sie auf den Rang eines Fortpflanzungsmittels herabsinkt oder, wie in einer bestimmten Theologie, die Erfüllungen *präfiguriert*. Ganz im Gegenteil: der endgültige Zweck der Familie ist der aktuelle *Sinn* und die Freude an dieser Gegenwart. Er wird in ihr nicht nur präfiguriert, er erfüllt sich bereits in ihr. Diese Teilhabe der Gegenwart an dieser Zukunft vollzieht sich gerade im Gefühl der Liebe, in der Anmut der Braut und sogar im Erotischen. Die Eigendynamik der Liebe führt sie über den gegenwärtigen Augenblick und sogar über die geliebte Person hinaus. Dieser endgültige Zweck manifestiert sich nicht in einer der Liebe äußerlichen Vision, die sie dann in den Plan der Schöpfung integrierte; er ist in der Liebe selbst. Die Geburt der ersten Kinder, Kain und Abel, erfolgte noch im Paradies, einer Stelle des Talmud-Traktats Sanhedrin zufolge genau am Tag der Erschaffung Adams, der auch der Tag der Erschaffung Evas und der Tag ihrer ersten Liebe vor dem Sündenfall war. Zwei bestiegen das eheliche Lager, und vier verließen es. »Nach einer anderen Lehrfabel verließen es sechs, die Gattinen der Kinder kamen zusammen mit den Kindern zur Welt.« Die Folge des Sündenfalls war ja gerade die Trennung von Wollust und Zeugung, die sich fortan sukzessive in der Zeit erstrecken. Die Schmerzen der Schwangerschaft und der Geburt unterstehen fortan einem Endzweck, der sich von demjenigen, der die Liebenden anzieht, unterscheidet. Im Zustand der Vollkommenheit offenbarte sich das wahre Wesen der Liebe.

Demnach ist es Gottes nicht mehr unwürdig, »Eva wie eine Braut zu schmücken«, bevor er sie Adam zuführt, ebensowenig wie »die freie Zeit, die ihm nach der Schöpfung blieb«, damit zu verbringen, Paare zusammenzustellen. Die Vermählten zu erfreuen, ist eine der verdienstvollsten Handlungen der jüdischen Frömmigkeit. Eine kupferne Wanne in der Vorhalle des Heiligtums, die das Wasser für die Waschungen der Priester enthält – Symbol der Reinheit. Der Überlieferung zufolge entstammte das Metall der Wanne Spiegeln, die die aus Ägypten gekommenen jüdischen Frauen ehrfürchtig dargebracht hatten. Es sind Geräte einer keuschen Koketterie, die in einer verzweifelten Generation das Begehren wiedererweckte und die Kontinuität Israels sicherte. Die Liebe bleibt also weder beim Augenblick der Wollust noch bei der geliebten Person stehen. Sie erhält keine romanhafte Bedeutung.

Die Dimension des Romanhaften, in der die Liebe zum Selbstzweck wird – wo sie ohne »Intentionalität« bleibt, die über sie hinausweist –, eine Quelle der Wollust oder eine Welt voller Zauber und Anmut, die neben einer religiösen Zivilisation existieren kann (und sogar vergeistigt werden kann wie im Minnedienst des mittelalterlichen Christentums), ist dem Judentum fremd. Die Formen des Romans, die man in der Bibel findet, werden vom Midrasch sogleich in einer Weise interpretiert, die die eschatologische Seite des Romans hervorhebt. Das klassische Judentum hat keine Kunst im Sinn der anderen Völker der Welt. Poetische Bilder des Liebeslebens sind in der Bibel sehr selten, abgesehen vom Hohelied, das frühzeitig in einem mystischen Sinn interpretiert wurde. Die reine Erotik wird in deutlich pejorativem Sinn beschworen, wie im Roman von Amnon und Tamar oder in bestimmten Aspekten von Samsons Liebesbeziehungen. Was man die sentimentale Liebe nennt, die von jeder Erotik fast getrennt und von ergreifenden Bildern geprägt ist – der Roman von Isaak und Rebekka, Jakob und Rahel, David und Batseba –, erfährt im Midrasch eine Entpoetisierung, die nicht von prüder Schüchternheit herrührt, sondern von der ständigen Öffnung der messianischen Perspektive – vom Herannahen Israels, der Menschheit als Spiegelbild Gottes, das sie auf ihrem Antlitz tragen kann.

Das Ewigweibliche, das sich durch eine lange, aus dem Mittelalter hervorgegangene Liebeserfahrung über Dante bis zu Goethe hinzieht, fehlt im Judentum. Niemals nimmt das Weibliche die Gestalt des Göttlichen an. Keine Jungfrau Maria, nicht einmal eine Beatrice. Die Frau öffnet die Dimension des Intimen, nicht aber die Dimension des Hohen. Von der weiblichen Existenz behält man zweifellos die geheimnisvolle Innerlichkeit, um wie eine Braut zu empfinden, den Sabbat, die Thora selbst und zuweilen die göttliche Gegenwart bei den Menschen, die Schechina. Aber die Bilder werden keinesfalls zu weiblichen Gestalten. Sie werden nicht ernst genommen. Die Liebesverhältnisse der Heiligen Schrift werden symbolisch gedeutet und bezeichnen mystische Verhältnisse.

3.

Doch zur gleichen Zeit wie in der Würde eines Prinzips, das, wenn man so sagen darf, dem Geist eine Seele verleiht, offenbart sich das Weibliche als die Quelle jedweden Verfalls. Es erscheint in einer Ambivalenz, in der sich eine der tiefsten Anschauungen der Zweideutigkeit der Liebe selbst ausdrückt. Jene köstliche Schwäche, die in der Ohnmacht des inneren Lebens den Menschen vor seiner Heimatlosigkeit rettet, befindet sich an der Grenze der Erschlaffung. Die Frau ist ganz und gar Schamlosigkeit, noch in der Nacktheit ihres kleinen Fingers; sie ist, was sich schlechthin zur Schau stellt, dem Wesen nach trübe, dem Wesen nach unrein. In einem extremistischen Text heißt es, Satan sei zusammen mit ihr erschaffen worden. Ihre Berufung zur inneren Einkehr, bestätigt von der Rippe, aus der sie hervorgegangen ist – einem umhüllten, unsichtbaren Organ –, vereint sich mit allen Indiskretionen.

Das rabbinische Denken wagt sich noch weiter vor. Der Tod bemächtigt sich des Mannes bereits vor der Erbsünde. Schon am Tag der Erschaffung Evas war sein Schicksal besiegelt. Bisher sollte er gleich dem Propheten Elia – einzigartig wie Elia, nämlich allein wie er – dem Tod entrinnen. Das wahre Leben, die Freude, die Vergebung und der Friede hängen nicht mehr von der Frau ab. Und so reckt sich, jeder Selbstgefälligkeit fremd, der Geist in seinem männlichen, übermenschlichen, einsamen Wesen empor. Er erkennt sich in Elia wieder, dem gnadenlosen Propheten, dem Propheten des Zorns und der Buße, Ziehkind der Raben, Bewohner der Wüsten, ohne Sanftmut, ohne Glück und ohne Frieden.

Eine exzessive Meinung, eine ständige Versuchung der jüdischen Seele, die zweideutige Liebesbeziehungen, in denen das Reine und das Unreine sich mischen, verachtet und den Kulturen mißtraut, in denen sich Blut und Tod mit der Wollust vereinen, in denen die Formen der Kunst und die Wonnen schlimmste Grausamkeiten in Kauf nehmen.

Aber die biblische Gestalt, die Israel auf den Straßen des Exils umtreibt, die Gestalt, die es am Ende des Sabbats in der Dämmerung anruft, in der es bald hilflos sein wird, die Gestalt, in der sich für den Juden alle Zärtlichkeit der Erde versammelt, die Hand, die seine Kinder liebkost und sie wiegt, ist keine weibliche Gestalt mehr. Weder eine Frau noch eine Schwester, noch eine Mutter leiten ihn, sondern Elia, der keinen Tod hatte, der härteste aller Propheten, der Vorläufer des Messias.

Identitätsnachweise*

Sich nach der jüdischen Identität fragen heißt sie bereits verloren haben. Aber noch an ihr festhalten, andernfalls würde man der Befragung ausweichen. Zwischen diesem *bereits* und diesem *noch* verläuft die Grenze, gespannt wie ein Drahtseil, auf das sich das Judentum der Westjuden wagt.

In welcher Identität verharrt er noch? In derjenigen, die sich nur auf sich selbst bezieht und die Attribute ignoriert: man ist nicht Jude, weil man dies oder jenes ist. Die Ideen, die Merkmale, die Dinge lassen sich identifizieren, wenn sie sich von anderen Ideen, anderen Merkmalen, anderen Dingen unterscheiden. Die Personen lassen sich identifizieren, ohne daß sie ihre Kennzeichen vorweisen. Eine Person ist nicht unter dem Vorwand dieselbe, daß sie hier und nicht dort, an diesem und nicht am folgenden Tag geboren wurde, daß sie blondes Haar, eine böse Zunge hat oder rührselig ist. Sie ist dieselbe, weil sie vor jedem Vergleich sie selbst ist. Nun ist man aber im Judentum, so wie man bei sich selbst ist. Man tritt ihm nicht einmal bei, denn der Beitritt würde auf eine viel zu große vorausgegangene Entfernung hindeuten. Man ist nicht von ihm besessen, denn die Zugehörigkeit krümmt sich zum Schicksal. Die radikale Intimität, die den Juden mit dem Judentum verbindet, wird durch das Leid, das sie sich zufügt, als täglich eingestandenes Glück erlebt oder, wenn man so will, als Auserwähltheit. »Man ist als Jude geboren, man wird es nicht.« Diese halbe Wahrheit bezeugt die höchste Intimität. Sie drückt, Gott sei Dank, keinerlei Rassismus aus. Denn natürlich wird man Jude, aber man wird es so, als habe es niemals eine Bekehrung gegeben. Tritt man dem Menschlichen bei? Manche Juden haben eine Art, »Jude« zu sagen, wo man das Wort »Mensch« erwarten würde, als sei das Judentum für sie Subjekt und die Menschheit Prädikat.

Obwohl sie eine radikale und unzerreißbare Identität, eine Zugehörigkeit vor jedem Treuebekenntnis ist, äußert sie sich

* Veröffentlicht in dem Sammelband *Journées d'études sur l'identité juive*. Herausgegeben von der französischen Sektion des Jüdischen Weltkongresses 1963.

doch nicht in unkontrollierbaren Termini irgendeines unergründlichen Gefühls, von dem das Subjekt ergriffen wäre. Im Gegenteil. Sie bleibt jeder Introspektion, jeder Selbstgefälligkeit fremd, die Kehrseite einer nach außen gewandten Aufmerksamkeit und das Ewige einer ausschließlichen, monotheistischen Aufmerksamkeit, ganz Ohr und ganz Gehorsam – der eines Wachpostens, der keine Ablösung erwartet. Wie es zu Beginn des letzten Jahrhunderts Chajim Woloszyner, der Lieblingsschüler des Gaon von Wilna, in *Nefesch hachajim* schrieb – einem im Westen wenig bekannten Werk, in dem jedoch alle lebendigen Kräfte des Judentums zusammenfließen –, ist der Jude für das gesamte Gebäude der Schöpfung verantwortlich. Etwas verpflichtet den Menschen noch mehr als das Heil seiner Seele. Die Tat, das Wort, der Gedanke des Juden haben das furchtbare Privileg, Welten zu zerstören oder zu erneuern. Die jüdische Identität ist also keine sanfte Selbstgegenwart, sondern die Geduld und die Müdigkeit und das Erschlaffen einer Verantwortung; ein steifer Nacken, der das Universum trägt.

Diese ursprüngliche Zugehörigkeit kommt in einer erträglicheren Sprache im zionistischen Ideal zum Ausdruck, auch wenn sie sich nun politisch und national versteht. Der israelische Personalausweis erschöpft für viele Israeliten den Sinn der jüdischen Identität. Er erschöpft ihn potentiell für alle Überreste Israels, die in der Diaspora noch zurückzugewinnen sind. Aber hier läuft die jüdische Identität Gefahr, mit dem Nationalismus zu verschmelzen, und dann ist ihr Verlust wahrscheinlich die Gewähr für ihre Erneuerung.

Der abendländische Geist, dem der Jude sich angeglichen hat, um nur noch die Oberfläche des Judentums zu berühren, definiert sich vielleicht durch die Ablehnung jeglicher Zugehörigkeit ohne Beitrittserklärung. In den Nationalismen, die dieser Geist befördert, durchschneidet er augenblicklich die wilde Ader. Jede außergewöhnliche Anhänglichkeit ist für ihn vom Verdacht überschattet, von allen geteilt zu werden. Danach gilt es, sich nicht spontan zu akzeptieren und folglich damit zu beginnen, sich selbst gegenüber Abstand zu gewinnen, sich von außen zu betrachten, über sich nachzudenken, sich mit den anderen zu vergleichen, also diese persönliche Identität, die man *ist*, auf ebenso viele Kennzeichen, Attribute, Inhalte, Eigenschaften, Werte zu reduzieren, sich zu analysieren, sich Geltung zu verschaffen. Die Institution, die diesen Geist verkörpert, heißt Universität.

In dem Maße, in dem der Verlust der unmittelbaren jüdischen Identität von einem solchen Verdacht und von solchen Ansprüchen herrührt, stellt er im Werden des Judentums nicht nur etwas Bedauerliches dar. Ein Westjude ist es sich schuldig, *vorzugeben*, wie Descartes sagte, daß er sich erst noch zum Judentum bekehren muß; er ist es sich schuldig, sich ihm als einem System von Begriffen und Werten zu nähern, die sich seinem Urteil darbieten; sogar sein ungewöhnliches Schicksal als Mensch, der das Universum trägt, sieht er in der Statue des Atlas versteinert. Er ist es sich also schuldig, in einer Sprache, die diejenige der Universität ist, alles noch einmal zu sagen. Philosophie und Philologie – zwei Töchter jenes universalen Sprechens, auch wenn man darauf achten muß, daß die ältere die andere nicht verschlingt. Dem Judentum obliegt es, diese Sprache zu ertragen, auch wenn es eines Tages darauf ankommen sollte, sie gegen die Zivilisation zu sprechen, von der die Universität lebt und die sie am Leben erhält.

Aber dieser legitime Anspruch auf ein System, eine Doktrin – und letztlich ein Bewußtsein – erweist sich als überaus naiv, wenn er dabei wie beim Inventarisieren der Werte verfährt und danach trachtet, am Judentum etwas Originelles zu entdecken. Eine große Zivilisation läßt sich nicht inventarisieren, sondern öffnet sich einem Studium – Grammatik, Lexikon und Gelehrsamkeit. Sie definiert sich nicht mit Hilfe einiger billiger und stets trügerischer Antithesen. Denn sie ist universal, das heißt gerade all dessen fähig, was die anderen Zivilisationen enthalten, all dessen, was menschlich Gültigkeit hat. Also ist sie überhaupt nicht originell, sie entbehrt jeder lokalen Färbung, jedes pittoresken Elements. Nur die sogenannten exotischen Zivilisationen (oder die exotischen und vergänglichen Zivilisationselemente) sind leicht voneinander zu unterscheiden. In dem Maße, in dem sie den Charakter von »Kuriositäten« verlieren, lassen sie sich immer schwerer definieren, denn nur durch sie definiert sich alles. Nicht durch ihre Originalität zeichnen sich die Zivilisationen aus, sondern durch den hohen Grad ihrer Universalität, ihre

Kohärenz, das heißt durch das geringe Maß an Heuchelei, das ihre Großmut enthält. Man kann den Pluralismus großer Zivilisationen tolerieren und sogar die Unmöglichkeit ihrer Verschmelzung verstehen. Gerade das Wesen der Wahrheit erklärt es: ihre Manifestation appelliert an sehr viele menschliche Möglichkeiten und infolgedessen vielfältige Geschichten, Überlieferungen und Annäherungen. Aber die erkannte Vielfalt enthebt das Individuum nicht einer vernünftigen Auswahl. Die Auswahl darf nicht dem Zufall subjektiver Vorlieben und den Launen der Inspiration überlassen bleiben. Der Dilettantismus kommt in diesem Fall der Barbarei gleich. Doch die gebotene rationale Untersuchung kann keine anderen Kriterien finden als das Maximum an Universalität und das Minimum an Heuchelei.

Diese Untersuchung darf sich nicht auf Zeugnisse beschränken: es genügt nicht, die Bilanz dessen zu ziehen, was »wir anderen Juden« sind und was wir heute empfinden. Wir würden Gefahr laufen, ein kompromittiertes, entfremdetes, vergessenes oder verlegenes oder gar totes Judentum für das Wesen des Judentums zu halten. Ein Bewußtsein erwirbt man nicht, wie man will! Der andere Weg – der einzige, der steile – bietet sich an: zu den Quellen, zu den vergessenen, schwierigen alten Büchern, in einem harten, mühsamen und strengen Studium.

Die jüdische Identität ist in diese alten Dokumente eingeschrieben. Man kann sie nicht aufheben, indem man diese Identitätsnachweise ignoriert, so wie man sie nicht auf ihren einfachsten Ausdruck zurückführen kann, ohne in den Diskurs der modernen Welt einzutreten. Man kann die Schriften nicht ablehnen, ohne imstande zu sein, sie zu lesen, auch nicht der Philologie einen Maulkorb anlegen ohne Philosophie, oder, nötigenfalls, die philosophische Rede anhalten, ohne weiter zu philosophieren.

Judentum der wurmstichigen Traktate im Gegensatz zum Judentum der Juden? Warum nicht! Noch weiß man nicht, welches von beiden das lebendigere ist. Sind die wahren Bücher nichts als Bücher? Sind sie nicht auch die Glut, die unter der Asche schläft, wie Rabbi Elieser zufolge die Worte der Weisen? So durchzieht die Flamme die Geschichte, ohne in ihr zu brennen. Aber die Wahrheit erleuchtet – mehr oder weniger – denjenigen, der die schlafende Flamme mit seinem Atem wieder entfacht. Es ist eine

Frage des Atems. Den Einfluß der Literatur auf die Menschen gelten lassen – das ist vielleicht die höchste Weisheit des Abendlands, in der das Volk der Bibel sich wiedererkennen wird. Einem verlorengegangenen alten Buch, das seine Geistlichen wiederfanden, verordnete König Osias ein Königreich. Dies ist die Figur des Lebens, die sich den Einfluß der Texte gefallen läßt! Mythos unseres Europas, das aus einem ähnlichen Fund hervorging: er hieß Renaissance.

Messianische Texte

Die folgenden Kommentare gelten vier Stellen aus dem letzten Kapitel des Talmud-Traktats »Sanhedrin«. Sie beziehen sich auf verschiedene Aspekte des Messianismus.

Über mehrere Seiten dieses Kapitels entfalten sich in der Tat eine Fülle von Thesen, die den Begriff des Messianismus erhellen. Dieser Begriff ist komplex und schwierig. Einzig die landläufige Meinung hat eine einfache Auffassung von ihm. Die volkstümliche Vorstellung des Messias – die sich ausschließlich in Termini der sinnlichen Wahrnehmung äußert, auf derselben Ebene wie unsere täglichen Beziehungen zu den Dingen – genügt dem Denken nicht. Man hat noch nichts über den Messias ausgesagt, wenn man ihn sich als eine Person vorstellt, die kommt, um auf wundersame Weise den Gewalttätigkeiten, die diese Welt beherrschen, der Ungerechtigkeit und den Widersprüchen ein Ende zu setzen, die die Menschheit zerreißen, ihre Quelle jedoch in der Natur der Menschheit und in der Natur schlechthin haben. Dennoch begreift die landläufige Meinung die emotionale Kraft der messianischen Idee. Und wir mißbrauchen täglich diesen Terminus und diese emotionale Kraft.*

Das zentrale Problem, dem jede der hier kommentierten Stel-

* In einem Vortrag, den Gershom Scholem vor kurzem auf der jährlichen Eranos-Tagung hielt [»Zum Verständnis der messianischen Idee im Judentum«, in: *Über einige Grundbegriffe des Judentums*, Suhrkamp Verlag, Frankfurt a. M. 1970. Anm. d. Ü.], unterscheidet er mit wunderbarer historischer Einsicht und einer bemerkenswerten Intuition der systematischen Bedeutung der untersuchten Texte (einer Intuition, an der es anderen Historikern bisweilen fehlt) zwischen dem vor allem volkstümlichen apokalyptischen Messianismus und dem rationalistischen Messianismus der Rabbinen, der zu der berühmten Stelle über die messianischen Zeiten führt, die Maimonides in seiner Michne thora am Ende des Kapitels über die Gesetze der politischen Macht liefert. Dennoch ist nicht alles gesagt, wie Scholem bisweilen zu glauben scheint, wenn man den rationalistischen Charakter dieses Messianismus hervorhebt. Als bedeutete die Rationalisierung lediglich die Negation des Wunderbaren und als könnte man im Bereich des Geistes die anfechtbaren Werte einfach aufgeben, ohne andere Werte in Mitleidenschaft zu ziehen. In meinem Kommentar möchte ich die positive Bedeutung des Messianismus der Rabbinen verdeutlichen.

len gewidmet ist, wird durch einen Untertitel gekennzeichnet. In Wirklichkeit verschränken sich die behandelten Probleme.

Die nachstehenden Seiten folgen den Vorträgen, wie sie auf dem von der französischen Sektion des Jüdischen Weltkongresses in den Jahren 1960 und 1961 organisierten dritten und vierten Kolloquium der jüdischen Intellektuellen gehalten wurden. Ihre Form bewahrt die der gesprochenen Texte. Sie erscheinen in derselben Reihenfolge, in der sie gehalten wurden, unbeschadet der Reihenfolge, in der die kommentierten talmudischen Texte selbst im Traktat Sanhedrin erscheinen. Angaben der talmudischen Paginierung weisen jedoch auf diese Reihenfolge hin.

Die Erklärung eines talmudischen Textes durch jemanden, der nicht sein ganzes Leben mit dem Studium der rabbinischen Literatur gemäß der traditionellen Art und Weise zugebracht hat, ist ein äußerst gewagtes Unterfangen, auch wenn derjenige, der es wagt, sich seit seiner Kindheit mit den quadratischen Buchstaben vertraut gemacht hat, auch wenn er aus diesen Texten vieles für sein eigenes intellektuelles Leben geschöpft hat. Die traditionelle Kenntnis der talmudischen Texte in ihrem ganzen Umfang würde für sich allein einen abendländischen Denker gewiß nicht befriedigen. Dennoch ist diese Kenntnis die notwendige Voraussetzung des jüdischen Denkens. Das Folgende stellt also lediglich einen Versuch dar.

1. Der Begriff des Messianismus
(Sanhedrin 99 a)

Rabbi Chija bar Abba sagte im Namen des Rabbi Jochanan: Alle Propheten weissagten nur von den messianischen Tagen. Von der zukünftigen Welt aber heißt es: »Kein Auge außer dir, o Gott, hat je geschaut, was er dem bereiten wird, der auf ihn harrt.«

Der letzte Teil dieses Textes: »... kein Auge hat je geschaut ...«, ist eine zumindest freie Übersetzung (wie die meisten talmudischen Texte) eines Verses von Jesaja (64, 3). Die Jerusalemer Bibel übersetzt ihn wie folgt: »Seit Menschengedenken hat (...) kein Auge gesehen, daß es einen Gott gibt außer dir, der denen Gutes tut, die auf ihn hoffen.«

Eine zumindest freie Übersetzung des Talmud! Hier ist nicht

der Ort, diese Freiheit zu rechtfertigen. Jedenfalls schmälert sie um nichts das eigene Denken des Talmudisten, das sie auszudrücken erlaubt.

Die stets eigenwilligen, häufig bizarren Übersetzungen der Talmudisten versuchen, der einfachen Lektion des Textes neue Perspektiven zu eröffnen, die in Wirklichkeit eben jene Dimension zugänglich machen, in der allein sich der tiefe Sinn der einfachen Lektüre zu konstituieren vermag.

Rabbi Chija bar Abba verteidigt im Namen des Rabbi Jochanan zunächst eine klassische (den Juden nicht immer sehr vertraute) jüdische These, daß nämlich ein Unterschied besteht zwischen der zukünftigen Welt und dem messianischen Zeitalter. Sodann sagt er, das messianische Zeitalter – eher ein Scharnier zwischen zwei Epochen denn ein Ende der Geschichte – bestehe in der Erfüllung aller Weissagungen, der Verheißungen einer erlösten und besseren Menschheit. Tatsächlich lassen sich die Verheißungen der Propheten in zwei Kategorien einteilen: in politische und soziale. Die Ungerechtigkeit und die Entfremdung, die die Willkür der politischen Mächte in jedes menschliche Unternehmen einführt, werden verschwinden; aber gleichzeitig mit der politischen Gewalt wird auch die soziale Ungerechtigkeit verschwinden, die Macht der Reichen über die Armen. Die talmudische Überlieferung, wie sie Rabbi Chija bar Abba im Namen des Rabbi Jochanan repräsentiert, sieht im messianischen Zeitalter die Erfüllung aller dieser politischen und sozialen Verheißungen.

Was die zukünftige Welt betrifft, so scheint sie auf einer anderen Ebene angesiedelt zu sein. Unser Text definiert sie als das Privileg desjenigen, »der auf ihn harrt«. Es handelt sich von vornherein um eine persönliche und intime Ordnung außerhalb der Erfüllungen der Geschichte, die einer in einem kollektiven Schicksal vereinten Menschheit harren. Die zukünftige Welt kann nicht von einem Propheten angekündigt werden, der sich an alle wendet. Das Judentum als objektive Institution – als Synagoge – lehrt allein die Wahrheiten, die das Wohl der Gemeinschaft und die öffentliche Ordnung betreffen. Es lehrt und weissagt die Gerechtigkeit. Es ist keine Versicherungsgesellschaft gegen alle Risiken. Das persönliche Heil der Menschen, die unmittelbare und intime Beziehung zwischen Mensch und

Gott entgehen der Indiskretion der Propheten; niemand kann den Weg dieses Abenteuers im voraus bestimmen. Doch hier die Fortsetzung des Textes:

Dies widerstreitet der Meinung des Schemuel. Dieser hat nämlich gesagt: Es gibt keinen anderen Unterschied zwischen dieser Welt und der messianischen Zeit als das Ende des »Jochs der Nationen« – der Gewalt und der politischen Unterdrückung.

Ein sehr bekannter Text, den Maimonides aufgreifen wird, um eine Synthese zwischen der Meinung von Schemuel und der des Rabbi Jochanan zu versuchen. Aber diese Meinung, die angeblich der des Rabbi Jochanan widerstreitet, wird auf eine Weise ausgedrückt, daß man zunächst den Eindruck hat, sie verkünde ein Zeitalter, das sich von dem vorhergehenden nur in einem Detail unterscheidet: die messianische Zeit zeigt lediglich das Ende der politischen Gewalt an. Und ganz ohne Zweifel handelt es sich hier um das Ende der politischen Knechtschaft des unter die Nationen verstreuten Israel. Aber Schemuels Gedanke muß vertieft werden, damit er uns einen größeren Horizont vor Augen führt, an dem die Hoffnung Israels steht und ohne den diese private Hoffnung nicht länger den Rang von Gedanken beanspruchen könnte.

In anderen Texten nimmt Schemuel die politische Macht ebenfalls ernst. Die Ära, in der das politische Problem gelöst wird, in der die Politik das moralische Unternehmen des Menschen nicht mehr durchkreuzt (oder zunichte macht oder ins Gegenteil verkehrt), kennzeichnet das Ende der Geschichte und verdient den Namen »messianisches Zeitalter«.

Ist das Ende der politischen Gewalttätigkeiten vom Ende der sozialen Gewalttätigkeiten getrennt? Kündigt Schemuel das Paradies der Kapitalisten an: kein Krieg mehr, kein Militärdienst mehr, kein Antisemitismus mehr – doch die Bankkonten werden nicht angetastet und das soziale Problem bleibt ungelöst? Weist nicht ein paralleler Text – denn es gibt viele parallele Texte im Talmud – auf die von Schemuel zugunsten seiner These angeführten Gründe hin: *Zwischen dem messianischen Zeitalter und dieser Welt gibt es keinen anderen Unterschied als das Ende der Gewalt und der politischen Unterdrückung, denn es heißt* (Deut 15, 11): *»Niemals wird der Arme von der Erde verschwinden«* (Berachot 34b).

Natürlich ist es unmöglich, einem Gelehrten des Talmud die Meinung zu unterstellen, deren Karikatur wir soeben skizzierten und derzufolge die Mitglieder der messianischen Gesellschaft an sozialer Ungerechtigkeit Gefallen finden. Im Deuteronom, den Schemuel zitiert, steht unweit des Verses, der besagt: »Niemals wird der Arme von der Erde verschwinden«, der Vers, der empfiehlt: »Doch eigentlich sollte es bei dir gar keine Armen geben« (Deut. 15, 4). Das kann Schemuel nicht entgangen sein. Seine Meinung muß also eine ganz andere Bedeutung haben. Bezieht sich die Uneinigkeit zwischen Rabbi Jochanan und Schemuel nicht auf den positiven Sinn des messianischen Zeitalters? Für Rabbi Jochanan löst das messianische Zeitalter alle politischen Widersprüche und beendet die ökonomische Ungleichheit, um ein nichtkontemplatives oder aktives Leben einzusetzen, das sich nicht entfremden läßt; vielleicht das absolute Wissen oder das künstlerische Wirken oder die Freundschaft; jedenfalls ein Leben, das über dem nun harmlos gewordenen Politischen und Sozialen steht. Damit gewinnt Schemuels Position ihre ganze Kraft: für ihn bleibt das geistige Leben als solches untrennbar verbunden mit der ökonomischen Solidarität gegenüber dem Anderen – das *Geben* ist gewissermaßen die ursprüngliche Bewegung des geistigen Lebens; das messianische Ende kann es nicht beseitigen. Es gestattet lediglich seine volle Entfaltung, seine größte Reinheit und seine höchsten Freuden, indem es die politische Gewalt bannt, die das *Geben* verfälscht. Nicht, daß die Armen bestehenbleiben müssen, damit die Reichen die messianische Freude haben, sie zu ernähren. Man muß weit radikaler denken: der Andere ist immer der Arme, die Armut definiert ihn als den Anderen, und die Beziehung zum Anderen wird stets Weihgabe und Geschenk sein, niemals Nahen »mit leeren Händen«. Das geistige Leben ist wesentlich moralisches Leben, und sein bevorzugter Ort ist das Ökonomische.

Infolgedessen hat Schemuel auch eine sehr hohe Meinung vom messianischen Zeitalter, aber er glaubt nicht, daß der Andere, als Armer, lediglich der Zufall eines bedauerlichen historischen Regimes ist. Die »zukünftige Welt« – das heißt der Lebensplan, zu dem das *Individuum* durch die Möglichkeit des inneren Lebens gelangt und den kein Prophet ankündigt – eröffnet neue Perspektiven. Die messianische Zeit, die Teil der Geschichte ist (und in der sich folglich der Sinn unserer realen Verantwortung in der Geschichte selbst offenbart), kennt sie noch nicht.

Im Gegensatz zu Schemuel, der das messianische Leben also nicht von den Schwierigkeiten und Überschreitungen der Moral trennt, hat Rabbi Jochanan ein reines und freundliches geistiges Leben im Auge, gewissermaßen aller Schwere entledigt, die die Dinge in es hineinbringen und die die Ökonomie konkretisiert, der unmittelbaren Beziehungen zum Anderen entledigt, der nicht mehr als Armer erscheint, sondern als Freund, wo es kein Handwerk mehr gibt, sondern nur noch Künste, wo die ökonomischen Folgen der Tätigkeiten nicht mehr ins Gewicht fallen. Rabbi Jochanan glaubt gewissermaßen an das Ideal eines desinkarnierten Geistes, einer totalen Harmonie und Gnade, frei von dramatischen Elementen; Schemuel dagegen hat ein Gespür für das permanente Bemühen um Erneuerung, das dieses geistige Leben verlangt.

Und in der Tat fährt unser Text mit dem Bericht zweier weiterer Lektionen des Rabbi Jochanan fort, überliefert von Rabbi Chija bar Abba:

Ferner sagte Rabbi Chija bar Abba im Namen des Rabbi Jochanan: Alle Propheten weissagten nur von den Bußfertigen. Von den vollständig Frommen aber heißt es: »Kein Auge außer dir, o Gott, hat je geschaut, was er dem bereitet, der auf ihn harrt.«

Es folgt eine Abschweifung, auf die ich später zurückkommen werde.

Ferner sagte Rabbi Chija bar Abba im Namen des Rabbi Jochanan: Alle Propheten weissagten nur von einem, der seine Tochter an einen Schriftgelehrten verheiratet, der für einen Schriftgelehrten das Geschäft betreibt und der Schriftgelehrte von seinem Vermögen genießen läßt; von den Schriftgelehrten selbst aber heißt es: »Kein Auge außer dir, o Gott, hat je geschaut, was er dem bereitet, der auf ihn harrt.«

Rabbi Jochanan teilt uns etwas Neues mit: für wen die Propheten weissagten. Zunächst weissagten sie den Bußfertigen. Den vollständig Frommen ist die zukünftige Welt vorbehalten. Den bußfertigen Frommen die messianische Zeit, eine Welt, deren sich die vollständig Frommen schon jetzt erfreuen. Wer sind die vollständig Frommen? Die Frommen ohne Drama – die den Widersprüchen der Welt entrissenen Frommen. Immer wieder steht Rabbi Jochanan das Ideal des körperlosen und freundlichen Geistes vor Augen. Vergleichen wir den ersten Text mit dem zweiten, den ich soeben zitiert habe. Die Propheten weissagen von denjenigen, die ihr alltägliches ökonomisches Leben weiterführen, sich jedoch nicht dem Determinismus dieses Lebens überlassen; denjenigen, die zwar eine Familie gründen, sie jedoch bereits dem uneigennützigen Leben des Intellekts widmen, das der Schriftgelehrte verkörpert, der unmittelbaren Zugang hat zur Offenbarung, zur Erkenntnis Gottes; denjenigen, die Handel treiben und arbeiten, diese Arbeit jedoch dem Schriftgelehrten widmen; denjenigen, die besitzen, ihren Besitz jedoch dem Schriftgelehrten widmen. Familie, Arbeit, Eigentum – diese Institutionen der vormessianischen Geschichte können für Rabbi Jochanan den Zwangsläufigkeiten der Geschichte durch Individuen entzogen werden, die zu unmittelbaren Beziehungen mit dem uneigennützigen Geist zwar noch unfähig, aber bereits imstande sind, indirekt, vermittels der Schriftgelehrten, an ihm teilzuhaben. Die messianische Zeit würde sie also eine Stufe höher steigen lassen: sie werden ins Leben des uneigennützigen Geistes der Schriftgelehrten eintreten, die berufen sind, die höchste Stufe zu erklimmen, die der zukünftigen Welt, von der ich weiter unten sprechen werde.

Merken wir an – denn dies ist charakteristisch für die Art und Weise, wie der Talmud an die Fragen herangeht –, daß der Gegensatz zwischen Rabbi Jochanan und Schemuel – wie alle Gegensätze der Schriftgelehrten – zwei Positionen widerspiegelt, zwischen denen das Denken gewissermaßen ewig schwankt. Deutet der Geist auf ein quasi göttliches Leben hin, das von den Einschränkungen der menschlichen Verfassung befreit ist, oder artikulieren die menschliche Verfassung, ihre Grenzen und ihr Verlauf das Leben des Geistes selbst? Es sei betont, daß beide Auffassungen zum jüdischen Denken gehören, da beide Auffassungen den Menschen ausdrücken. Und es sei vor dem leichtfertigen Spiel der Antithesen gewarnt, dem sich Denker hingeben, die darauf bedacht sind, zusammenzufassen, was das jüdische Denken angeblich bevorzugt.

Wenden wir uns nun einem weiteren Aspekt der Diskussion zu, die zwischen Rabbi Jochanan und Schemuel (ewig) geführt wird. Rabbi Jochanan meint, das Nahen der messianischen Zeit und das Glück, das sie verheißt, hänge vom Verdienst ab. Nicht Schemuel fragt sich: »Wem weissagten die Propheten?« Als beträfen ihm zufolge ihre Verheißungen jedermann. In einem zweiten Text, den ich noch kommentieren muß, leugnet Schemuel ausdrücklich den Zusammenhang zwischen der Ankunft des Messias und dem Verdienst. Schemuel begreift die Ankunft der messianischen Zeit als ein Ereignis, das nicht allein von der moralischen Vollkommenheit der Individuen abhängt. Für Rabbi Jochanan wird das politische Problem zur gleichen Zeit gelöst wie das soziale Problem, und ihre Lösung liegt in den Händen des Menschen; sie hängt von seiner moralischen Kraft ab. Es gebe einen natürlichen Übergang von der moralischen Tätigkeit zur messianischen Zeit. Nichts könne die moralische Tätigkeit entfremden, das Gute, das ich tun will, dessen ich mir bewußt bin, greift auf die Wirklichkeit über, ohne sich in ihrer Gegensätzlichkeit zu verlieren. Es löst die gewollte soziale Veränderung aus, die zu einer politischen Veränderung führt. Das moralische Agens bleibt das wahre Agens dessen, was es tut, seine Intentionen verkehren sich nicht, wenn sie in die historische Wirklichkeit strömen.

Für Schemuel dagegen existiert etwas, was dem moralischen Individuum fremd ist, etwas, was zuerst beseitigt werden muß, damit die messianische Zeit komme. Der Messias ist vor allem dieser Bruch. Für das hellsichtige und seine Absichten beherrschende Bewußtsein enthält die Ankunft des Messias ein irrationales Element oder zumindest etwas, was nicht vom Menschen abhängt und von außen kommt: die Auflösung der politischen Widersprüche. Interessant ist hier die Kategorie eines *von außen* kommenden Ereignisses. Ob dieses Außen das Walten Gottes oder eine von der Moral unterschiedene politische Revolution ist, tut wenig zur Sache: der Talmud interessiert sich häufig weit mehr für die Kategorie als für das Ereignis selbst, von dem er spricht. Die Auffassung Rabbi Jochanans schreibt alles der menschlichen Freiheit und dem moralischen Handeln zu, die Auffassung Schemuels stellt zwischen das moralische Unternehmen, zwischen die menschliche Freiheit und den Erfolg des Guten ein völlig neues Hindernis: die politische Gewalt, die durch die messianische Heraufkunft überwunden werden muß.

Dies ist das Wesentliche dessen, was ich über diesen ersten Text zu sagen hatte. Aber er enthält eine Abschweifung, die ich außer acht gelassen habe, sowie einen Schlußteil, den ich nun ebenfalls darlegen will.

Wenn Rabbi Chija bar Abba im Namen des Rabbi Jochanan sagt, die Propheten weissagten nur von den Bußfertigen, aber den vollständig Frommen werde ein Los zuteil, das »kein Auge außer dir je geschaut hat« usw., ist jemand nicht einverstanden. Nämlich Rabbi Abbahu, der im Namen von Raw spricht (es ist nicht ganz sicher, ob er wirklich im Namen von Raw sprach, ein Paralleltext des Traktats Berachot erwähnt Raw nicht). Rabbi Abbahu sagte: »Wo die Bußfertigen stehen, können die vollständig Frommen nicht stehen.«

Dieser letzte Text wird oft zitiert. Der Vorzug, der den Bußfertigen vor den vollständig Frommen gegeben wird, evoziert die »felix culpa« und schmeichelt unserem Hang für das Pathetische, unserer vom Christentum und von Dostojewski gespeisten Empfindsamkeit. Ist der Arbeiter der elften Stunde nicht der interessanteste? Die Buße wäre mehr wert als die ununterbrochene Existenz im Guten, die langweilige Treue. Die Diskussion zwischen Rabbi Chija bar Abba und Rabbi Abbahu zeigt, daß dessen Meinung nur eine Option ist: das Wesentliche der moralischen Anstrengung liegt für Rabbi Abbahu in der Rückkehr zum Guten nach dem Abenteuer des Bösen; die wahre Anstrengung wäre revolutionär und dramatisch. Die andere Meinung bleibt bestehen. Nämlich diejenige, die die unbefleckte Reinheit und eine Vollkommenheit ohne Flausen wählt, eine gegen das Vergehen absolut gefeite, dem natürlichen Determinismus entrissene Vollkommenheit. Auch sie verlangt Anstrengung und Mannhaftigkeit. Der Talmud betont gern die Doppeldeutigkeit des Problems. Der Dialog zwischen Rabbi Chija bar Abba und Rabbi Abbahu ist ein ewiger Dialog des menschlichen Bewußtseins. Beide stützen ihre These auf denselben Vers: »Friede, Friede den Fernen und den Nahen.« In dieser Sorge, die »Meinungen« und die »Optionen« an die Kreuzungspunkte des Problems zurückzubringen, wo sie ihre Würde als *Gedanken* erhalten, besteht der wahre Geist des Talmud.

*

Nun komme ich zum letzten Teil meines Textes: »Kein Auge hat je geschaut…« Und dennoch! Wie gerne möchte man dieses dem vollständig Frommen Verheißene sehen! Was ist den Weisen verheißen und nicht nur denjenigen, die indirekt an der Weisheit und Vollkommenheit teilhaben, indem sie den Schriftgelehrten ihre Töchter und den Unterhalt geben? Was ist der Lohn, der über die messianische Zeit hinaus den Wert der künftigen Welt ausmacht?

Rabbi Jochanan sagte: »Dies bezieht sich auf den seit den sechs Schöpfungstagen in seinen Trauben aufbewahrten Wein.«

Welch edler Jahrgang!… Ein alter Wein, der nicht in Flaschen gefüllt wurde, der nicht geerntet wurde. Man nahm ihm jede Gelegenheit, sich zu verfälschen. Ein absolut unverdorbener, absolut reiner Wein. Die zukünftige Welt ist eben dieser Wein. Bewundern wir die Schönheit des Bildes, doch fragen wir uns nach dem Sinn, den es haben mag.

Sind Sie noch nie daran verzweifelt, einen alten Text zu verstehen? Waren Sie noch nie erschrocken über die vielfältigen Deutungen, die sich zwischen Sie und diesen Text schieben? Waren Sie noch nie entmutigt von der Doppeldeutigkeit jedes Worts, mochte es noch so einfach und gegenwärtig sein, das sich bereits entfernt, sich verfälscht und nach Deutung verlangt? Sollte die zukünftige Welt etwa die Möglichkeit sein, den ersten Sinn der Wörter wiederzufinden, der auch ihr letzter Sinn ist? Das großartige Bild des Weins, der ungetrübt seit den sechs Schöpfungstagen in der Traube aufbewahrt wird, verspricht den ursprünglichen Sinn der Schrift jenseits aller Kommentare und jeder Geschichte, die ihn trübte. Aber es verspricht auch das Verständnis jeder menschlichen Sprache, es verkündet einen neuen Logos, folglich eine andere Menschheit. Das Bild löst den tragischen Knoten der Weltgeschichte.

Merkwürdiges Zusammentreffen: Wein heißt auf hebräisch *jajin*, und der Zahlenwert der drei Buchstaben beträgt 70, so wie der Zahlenwert der drei Buchstaben, die das Wort *sod* (Geheimnis) bilden. Die Kommentatoren heben es hervor. Aber das Wort *sod* bedeutet in der talmudischen Symbolik den letzten Sinn der Schrift, zu dem man gelangt, wenn man nach dem wörtlichen Sinn, dem *peschat* gesucht, sich von dort zum anspielenden Sinn, dem *remes*, und von dort zum symbolischen Sinn, dem *derascha*, aufgeschwungen hat. Doch folgendes ist zu bedenken: das wahre Geheimnis liegt in der ursprünglichen Einfachheit, die einfacher ist als der wörtliche Sinn. Nur der ursprüngliche Sinn, in seiner ungetrübten Einfachheit, enthüllt sich in einer zukünftigen Welt, wenn die Geschichte durchlaufen sein wird. Es bedarf also der Zeit und der Geschichte. Der erste Sinn, der »älter« ist als der erste, ist der zukünftige. Man muß durch die Deutung hindurchgehen, um über die Deutung hinauszugehen.

Die Berechnung der Zahlenwerte beweist sicherlich nichts. Ist sie nicht eine Klausel des talmudischen Stils, um von Geistlichem zu Geistlichem das Intelligible zu suggerieren und gleichzeitig den »Bourgeois« zu beeindrucken, der von der seltsamen Übereinstimmung der Zahlen geblendet ist? Hinter den Zahlenvergleichen muß stets nach einer logischen Verbindung gesucht werden. Das ist eine ausgezeichnete Regel für die Exegese der rabbinischen Texte. Im vorliegenden Fall überzeugt das Bild des ersten Weins der Schöpfung, der ungetrübt in seinen Trauben ruht, zumindest ebensosehr wie der Zahlenvergleich, der uns belustigt.

Aber es gibt eine zweite Meinung über die Wunder der zukünftigen Welt, die den einen zufolge den vollständig Frommen, den anderen zufolge den Bußfertigen verheißen sind. Im Talmud gibt es immer eine zweite Meinung; ohne notwendig der ersten zu widerstreiten, hebt sie einen anderen Aspekt der Idee hervor.

Rabbi Levi sagte: Was kein Auge je geschaut hat, ist Eden. Und wenn du einwendest: Und Adam? Wo wohnte Adam? Dann sagen wir, Adam wohnte in einem Garten. Und wenn du behauptest, Eden und der Garten bezeichneten dieselbe Wirklichkeit, so zitieren wir den Vers der Genesis: »Ein Strom entspringt in Eden, der den Garten bewässert.«

Es besteht also ein Unterschied zwischen Eden und dem Garten, in dem Adam wohnte. Das Argument ist ein Scheinargument, doch die Version von Rabbi Levi lehrt uns, daß die zukünftige Welt nicht einfach einer Rückkehr ins verlorene Paradies gleichkommt.

Das verlorene Paradies selbst wurde bewässert von dem, was »kein Auge je geschaut hat« und was man am Ende finden wird. Es war nicht dessen Quelle. Die Geschichte ist weder eine bloß verkleinerte und verdorbene Ewigkeit noch das bewegliche Bild einer unbeweglichen Ewigkeit; die Geschichte und das Werden haben einen positiven Sinn, eine nicht vorhersehbare Fruchtbarkeit; der zukünftige Augenblick ist absolut neu, aber zu seinem Auftauchen bedarf er der Geschichte und der Zeit. Adam hat ihn sogar in seiner Unschuld nicht gekannt. Man findet die Idee der *felix culpa* wieder: die Vertreibung aus dem Paradies und das Durchqueren der Zeit verheißen eine größere Vollkommenheit als die des im Garten des Paradieses genossenen Glücks. Eben diese Fruchtbarkeit der Zeit, den positiven Wert der Geschichte, fügt Rabbi Levis These der Meinung des Rabbi Jochanan hinzu.

Zwei Worte zur Methode, an die unser Kommentar sich hielt und nach der er sich auch bei den folgenden Texten richten wird. Auf keinen Fall beabsichtigen wir, aus der Lektüre unserer Texte die religiöse Bedeutung auszuschließen, die die Lektüre des naiven oder mystischen Gläubigen leitet, auch nicht diejenige, die ein Theologe aus ihnen herauslesen würde. Allerdings gehen wir davon aus, daß diese Bedeutung nicht nur in eine philosophische Sprache übertragbar ist, sondern sich auf philosophische Probleme bezieht. Das Denken der Talmudgelehrten rührt von einer ziemlich radikalen Reflexion her, die auch die Ansprüche der Philosophie befriedigt. Eben diese rationale Bedeutung war Gegenstand unserer Suche. Die lakonischen Formeln und die Bilder, die Anspielungen und fast das »Augenzwinkern«, in denen sich dieses Denken im Talmud ausdrückt, können ihren Sinn erst dann preisgeben, wenn man sie vor dem Hintergrund der konkreten Probleme und konkreten Situationen der Existenz erörtert, ohne sich um die offenkundigen Anachronismen zu kümmern, in die man damit zurückfällt. Diese können nur die Eiferer der historischen Methode schockieren, die lehren, daß es *dem genialen Denken untersagt ist, den Sinn irgendeiner Erfahrung zu antizipieren,* und daß es nicht nur Wörter gibt, die *unaussprechbar* sind, bevor eine bestimmte Zeit gekommen ist, sondern auch Gedanken, die undenkbar sind, bevor ihre Zeit sich erfüllt. Wir gehen davon aus, daß das geniale Denken ein Denken ist, in dem alles gedacht worden ist, sogar die Industriegesellschaft und die moderne Technokratie. Vor dem Hintergrund der Tatsachen und der realen Probleme geben diese Formeln und diese Bilder (mittels derer die Geistlichen über die Mengen hinweg zu den Geistlichen sprechen) – die sich als präziser, ausgefeilter und kühner erweisen, als es auf den ersten Blick scheint – zumindest einen Teil ihres Denkens preis. Sonst würde sich das Judentum – dessen wichtigsten Inhalt sie bilden – auf die Folklore und die Anekdoten der jüdischen Geschichte reduzieren, seine eigene Geschichte nicht rechtfertigen und nicht der Mühe wert sein, fortgesetzt zu werden. Es geht nicht darum, den Wert der historischen Methode und der interessanten Perspektiven, die sie eröffnet, zu bestreiten; wenn man es jedoch bei dieser Methode bewenden läßt, verwandelt man die Wahrheiten, die das Judentum am Leben erhielten, in Begebenheiten, in kleine regionale Geschichten. Selbst wenn sie von Umständen, Konflikten und Streitereien bestimmt waren, die seit langem bedeutungslos und vergessen sind, fixieren die Worte der Gelehrten Israels intellektuelle Strukturen und Kategorien, die im Absoluten des Denkens angesiedelt sind. Dieses Vertrauen in die Weisheit der Weisen ist, wenn man so will, ein Glaube. Aber diese Glaubensform, zu der wir uns bekennen, ist die einzige, die man nicht diskret für sich zu behalten gezwungen ist, ohne die Schamlosigkeit der Glaubensbekenntnisse, die indiskret auf allen öffentlichen Plätzen ertönen.

2. Die Ankunft der messianischen Zeit – bedingt oder bedingungslos?

Unser zweiter Text befindet sich auf den Seiten 97b und 98a des Traktats Sanhedrin. Wir treffen hier dieselben Protagonisten von vorhin wieder – oder doch beinahe. Schemuel ist da, aber sein Kontrahent ist nicht Rabbi Jochanan, sondern Raw, der übliche Antagonist Schemuels im Talmud.

Raw sagte: Alle Endfristen sind schon verstrichen, und die Sache hängt nur noch von der Buße und den guten Handlungen ab. Schemuel aber sagte: Genug ist es für einen Trauernden, daß er in seiner Trauer steht.

Wie man sieht, sind für Raw die objektiven Voraussetzungen der Erlösung gegeben; die Geschichte ist abgeschlossen. Man brauchte nicht auf die »Phänomenologie des Geistes« und das 19. Jahrhundert zu warten, um das Ende der Geschichte zu erkennen. Nicht, daß es keine Zukunft mehr gibt, aber die objektiven Voraussetzungen für das Erscheinen des Messias sind somit bereits seit dem 3. Jahrhundert unserer Zeitrechnung verwirklicht.

Alles hängt von den guten Handlungen und von der Buße ab: das Erscheinen des Messias liegt *auf der Ebene der individuellen Anstrengung, die sich in voller Selbstherrschaft vollziehen kann.* Alles ist bereits denkbar und gedacht worden; die Menschheit ist reif; was fehlt, sind die guten Handlungen und die Buße. Die moralische Handlung, *Werk des Individuums,* ist nicht *entfremdet* in einer Geschichte, die sie entstellen würde, und muß daher nicht, um sich durchzusetzen, den Umweg der Politik nehmen und zur Staatsräson greifen.

Um einer gerechten Sache zum Sieg zu verhelfen, ist man nicht gezwungen, sich politisch mit Mördern zu verbünden und damit die Handlung von ihrer moralischen Quelle und ihrer realen Intention zu trennen. Alle Fristen sind verstrichen: die guten Handlungen sind wirksam. Eben das ist der Messias.

Dem widerstreitet Schemuels These. Er mißt den politischen Realitäten Bedeutung bei. Einzig der Messianismus könnte die zerstörerischen Auswirkungen verhindern, die sie auf das moralische Leben haben. Mit einem Wort, für ihn *kann die messianische Erlösung nicht aus der individuellen Anstrengung folgen,* deren Wirksamkeit und deren harmonisches Spiel sie lediglich ermöglicht. Was sagte Schemuel? *Genug ist es für einen Trauernden, daß er in seiner Trauer steht.* Um diese sybillinische Äußerung zu verstehen, müssen wir zuerst herausfinden, wer die Person ist, von der es heißt, sie stehe in Trauer. Dazu gibt es drei Meinungen.

Erste Meinung: der Trauernde ist Gott. Man kann es in einer anderen Sprache ausdrücken: der objektive Wille, der die Geschicke lenkt, ist der Trauernde. Gott ist der Trauernde, und für Ihn ist es genug, daß Er in seiner Trauer steht. *Die objektive Ordnung der Dinge kann nicht ewig in einem Scheitern verharren,* sie kann nicht ewig im Zustand der Unordnung verharren, die Dinge werden ein gutes Ende nehmen, und zwar objektiv. Man braucht nicht auf die individuelle Anstrengung zu warten, die fast außer acht gelassen werden kann und sich im majestätischen und vernünftigen Lauf der historischen Dinge verliert. Die individuelle Anstrengung hängt im Gegenteil von diesem guten

Ende ab. Wer trauert, wer an dieser mangelhaften Menschheit leidet, in der Sprache der Theologen: Gott, jedenfalls der Wille, der die Geschichte lenkt, der wird, von seinen Widersprüchen zerrissen, die Erlösung vollbringen und sich, was auch geschehe, in Ordnung auflösen. Aber dieser Appell an ein notwendiges und objektives gutes Ende der Geschichte ist nicht nur eine rationalistische Forderung, sondern, wie wir noch sehen werden, eine der Religion absolut unentbehrliche Meinung.

Zweite Auffassung: der Trauernde ist Israel. Israel trauert, Israel leidet. Dieses Leiden ist, in Ermangelung der Buße, die Bedingung seines Heils. Eine Auslegung, die Schemuels These der Auffassung von Raw annähert. Die Objektivität der Erlösung postuliert hier immerhin ein moralisches Ereignis an ihrem Ursprung. Aber es ist nicht die Buße, bei der das Individuum, das sich des Bösen voll bewußt ist, eine vollkommen bewußte Handlung unternimmt, um es wiedergutzumachen – es ist das Leid, das die Erlösung bedingt. *Obwohl es das Individuum umklammert, wird es von außen empfangen* und stellt somit das Individuum nicht an den absoluten Anfang seiner Erlösung, sondern läßt ihm nur den Rang einer zweiten Ursache.

Diese Idee eines von der Buße unterschiedenen Leids situiert das Martyrium, das Israel während der furchtbaren Jahre, aber auch während seiner ganzen Geschichte erlitt, zwischen dem moralischen Leben im strengsten Sinn des Wortes und der Würde des Opfers, das absurderweise, und ohne es verdient zu haben, die Nachwirkungen der historischen Notwendigkeiten erfährt; eine Würde, die indes nicht Verdienst im eigentlichen Sinne ist.

Dritte Auffassung: die eines Kommentators des 17. Jahrhunderts, die sich in den klassischen Ausgaben des Talmud befindet, Marchaa: zwar ist der Trauernde Israel, aber das Leiden Israels bewirkt nicht von sich aus die Erlösung. Den Kommentator schreckt wahrscheinlich die Idee einer Erlösung, die einen starken christlichen Beigeschmack hat, da sie nur, ohne jede positive Kraft, durch den Druck des Leidens erreicht wird. Genug ist es für einen Trauernden, daß er in seiner Trauer steht – das Leid veranlaßt ihn zur Buße. Und die Buße ist Ursache der Erlösung.

Dem Leiden käme also in der Ökonomie des Seins ein ganz besonderer Platz zu: es ist noch nicht die moralische Initiative, aber durch das Leiden *kann man eine Freiheit hervorrufen.* Der

Mensch empfängt das Leiden, aber aus diesem Leiden steigt er als moralische Freiheit empor. Die Idee des äußeren Eingriffs in das Heil versöhnt sich im Leiden mit der Idee, daß die Quelle des Heils notwendig dem Menschen innewohnen muß. Der Mensch empfängt das Heil und ist gleichzeitig dessen Urheber. Schemuel – der empfänglich für das politische, d. h. äußerliche Hindernis ist, auf das die Moral trifft und das zur Erlösung eine von außen kommende Handlung erfordert, eine Handlung, die die einfache Moral transzendiert – nähert sich Raw an, der die Zeit für gekommen hält, da »alles nur noch von den guten Handlungen abhängt«.

Es ist vielleicht interessant, bei dieser Gelegenheit eine andere – sehr schöne – Stelle des Talmud anzuführen, die gewiß Raws radikale Position veranschaulicht, aber auch als vierte Antwort auf die Frage »Wer ist der Trauernde?« dienen kann: der Trauernde ist der Messias.

Rabbi Jehoschua ben Levi hatte einmal das Glück, dem Propheten Elia zu begegnen. Solche Begegnungen kommen in den talmudischen Lehrfabeln öfter vor. Der Prophet Elia ist bekanntlich der Vorläufer des Messias. Rabbi Jehoschua stellt ihm die einzige interessante Frage: »Wann kommt der Messias?« Der Prophet Elia vermag nicht zu antworten. Er wäre lediglich ein Untergebener: »Geh und frag ihn doch selbst.« – »Wo befindet er sich denn?« – »Am Tor von Rom. Er sitzt zwischen den Frommen, die mit Krankheit behaftet sind, er sitzt unter den Bettlern, von Schwären bedeckt.« Rabbi Jehoschua ben Levi begibt sich dorthin. Er findet einen wahren Hof der Wunder. Die Körper dieser Unglücklichen sind mit Wundverbänden bedeckt. Sie nehmen sie ab, behandeln sich und legen sie wieder an. Ohne Mühe erkennt man unter ihnen den Messias. Um sich zu behandeln, wagt er es nicht, alle Verbände auf einmal abzunehmen, wie die anderen es tun: in jedem Augenblick kann er gerufen werden, die »Ankunft des Messias« kann in jedem Augenblick erfolgen. Daher löst er seine Verbände nicht alle auf einmal. Er behandelt seine Wunden eine nach der anderen und entblößt die nächste Wunde erst dann, wenn er die vorherige wieder verbunden hat. Es darf nicht sein, daß sich seine Ankunft auch nur um die Dauer eines medizinischen Akts verzögert.

Rabbi Jehoschua ben Levi erkennt ihn, eilt zu ihm und fragt

ihn: Wann kommst du? Noch heute! Rabbi Jehoschua kehrt zum Propheten Elia zurück: war dieses »Heute« nicht gelogen? Aber beruhte dieses Wort nicht auf dem Vers: »Heute, wenn ihr auf meine Stimme hören würdet!« (Psalm 95, 7) Heute, unter der Bedingung, daß...

Wir haben also auch einen Messias, der leidet. Aber das Heil kann nicht allein kraft seines Leidens erfolgen. Und doch ist die ganze Geschichte durchlaufen worden. Alle Zeiten sind erfüllt. Der Messias ist bereit, heute noch zu erscheinen. Aber alles hängt vom Menschen ab. Und das Leiden des Messias und infolgedessen das Leiden der Menschheit, die im Messias leidet, und das Leiden der Menschheit, an dem der Messias leidet, reichen nicht aus, die Menschheit zu retten.

Die beiden Thesen von Raw und Schemuel treten nun deutlicher zutage: sie zeugen von einer grundlegenden Alternative: entweder die Moral, d. h. die Anstrengung der Menschen, als Herren ihrer Absichten und ihrer Taten, wird die Welt retten, oder aber es bedarf dazu eines objektiven Ereignisses, das über die Moral und den guten Willen der Individuen hinausgeht.

Unser Text sagt nun in der Tat, daß die Diskussion zwischen Raw und Schemuel eine alte Diskussion der Tannaiten aufgreift: einst stellte sie Rabbi Elieser und Rabbi Jehoschua gegeneinander.

Rabbi Elieser sagte: Wenn Israel zu Gott zurückkehrt, wird es erlöst. Wenn aber nicht, so wird es nicht erlöst.

Wir finden die These von Raw wieder.

Rabbi Jehoschua erwiderte: Wie? Wenn sie keine Buße tun, werden sie nicht erlöst? Vielmehr wird Gott einen König, eine politische Macht gegen sie auftreten lassen, dessen Verordnungen grausam sind wie die Hamans, so daß Israel Buße tun und zu Gott zurückkehren wird.

Man erkennt Schemuels These in Marchaas Interpretation wieder. Rabbi Jehoschua würde sich gegen die Idee einer unentgeltlichen Erlösung sträuben. Das Phänomen Haman (oder das Phänomen Hitler) wird in die Perspektive des Messianismus gerückt. Allein die Buße ist Ursache des Heils, aber objektive Ereignisse politischer Art führen diese Buße herbei, die sowohl Manifestation der menschlichen Freiheit wie Ergebnis einer äußeren Ursache ist. Schemuels These erschiene in einer Form, die

Raws Position nähersteht, will man der soeben gelesenen Version der Diskussion zwischen den Tannaiten glauben. *Aber dies ist nur eine Version.* Unser Text gibt noch eine andere wieder, übermittelt von der *Baraita*, d. h. der Sammlung der Lehren der Tannaiten, die nicht in die Mischna aufgenommen wurden, zusammengestellt von Rabbi Juda hanassi gegen Ende des 2. Jahrhunderts.

Wir haben eine für den Talmud überaus charakteristische Stelle vor uns, bei der man den Eindruck gewinnen kann, ganz einfach einer Schlacht mit Bibelversen beizuwohnen.

Rabbi Elieser sagt: Wenn Israel Buße tut, so wird es erlöst, denn es heißt: »Kehrt um, ihr abtrünnigen Söhne, ich will eure Abtrünnigkeit heilen« (Jeremia 3, 22).

Diesmals stützt Rabbi Elieser seine Meinung auf einen Vers, der mit den Worten »Kehrt um ...« beginnt. Die Kinder Israels werden aufgefordert umzukehren. Sobald diese Umkehr vollzogen ist, wird der Messias kommen. Das Heil hängt von den Menschen ab.

Rabbi Jehoschua entgegnete: Es heißt ja bereits: »Umsonst wurdet ihr verkauft, und ihr sollt nicht mit Geld losgekauft werden« (Jesaja 52, 3). *»Umsonst«, das heißt wegen des Götzendienstes; »nicht mit Geld«, das bedeutet nicht mit guten Werken.*

Seltsamerweise versteht der Tannait unter dem »umsonst« die Nichtigkeit des Götzendienstes und unter der Buße und den guten Werken die Geldausgabe.

Rabbi Elieser erneuert den Angriff:

Es heißt aber auch: »Kehrt um zu mir, dann kehre ich mich euch zu« (Maleachi 3, 7).

Immer wieder liegt die Betonung auf den Worten *Kehrt um* als einer Bedingung des Heils.

Darauf entgegnete Rabbi Jehoschua: Heißt es nicht: »denn ich bin euer Gebieter. Ich hole euch, einen aus jeder Stadt und zwei aus jeder Sippe, und bringe euch nach Zion« (Jeremia 3, 14).

Rabbi Jehoschua scheint den Anfang des zitierten Verses zu vergessen, der ja ebenfalls mit den Worten *»Kehrt um«* beginnt, um seiner These mit jenen heftigen Worten *»ich hole euch«* und *»ich bringe euch«* Nachdruck zu verleihen. Dieses Vergessen zeigt uns bereits, daß die Argumentation weniger formal ist, als es den Anschein hat.

Rabbi Elieser erwiderte: Es heißt ja bereits: »In Frieden und Ruhe soll euch geholfen werden« (Jesaja 30, 15).

Hier spielt Rabbi Elieser mit den Worten, wenn man so sagen darf, und übersetzt den Vers auf eine Weise, die zwar nicht unmöglich, aber zweifelhaft ist: *»Nur in Umkehr und Ruhe liegt eure Rettung.«* Wie immer ordnet er die Erlösung der Buße unter.

Rabbi Jehoschua greift erneut an:

»So spricht der Herr, der Befreier Israels, sein Heiliger, zu dem tief verachteten Mann, dem Abscheu der Leute, dem Knecht der Tyrannen: Könige werden es sehen und sich erheben, Fürsten werfen sich nieder ...« (Jesaja 49, 7).

Versprechen ohne Bedingung.

Nun die vierte Erwiderung Rabbi Eliesers:

Es heißt ja bereits: »Wenn du umkehren willst, Israel – Spruch des Herrn –, darfst du zu mir zurückkehren« (Jeremia 4, 1).

Rabbi Elieser liest es mit der Hoheit desjenigen, der seine eigene Idee hat: *Wenn du umkehren willst, Israel, so kehre zu mir zurück.* Rabbi Elieser beweist ein weiteres Mal den Vorrang der Buße vor der Unentgeltlichkeit des Heils.

Aber Rabbi Jehoschua fällt es nicht schwer, zur Stützung seiner These einen weiteren Vers zu finden:

Es heißt ja bereits: »Darauf hörte ich die Stimme des Mannes, der in Leinen gekleidet war und über dem Wasser des Flusses stand; er erhob seine rechte und seine linke Hand zum Himmel und schwor bei dem, der ewig lebt, und sagte: Es dauert noch eine Zeit, zwei Zeiten und eine halbe Zeit. Wenn der am Ende ist, der die Macht des heiligen Volkes zerschlägt, dann wird sich alles vollenden« (Daniel 12, 7).

Rabbi Jehoschua liest in diesem Vers die Ankündigung einer bedingungslosen Erlösung.

Und Rabbi Elieser? Rabbi Elieser schweigt. Das verwundert auf den ersten Blick. Gehen ihm die Verse aus? Diese Schlacht unter Gebildeten hätte endlos weitergehen können. Lassen sich nicht noch andere finden, die mit »Kehrt um« anfangen, sowie andere, in denen verkündet wird: »Ich werde euch trotz allem retten ...« Aber Rabbi Elieser schweigt.

Um diesen befremdlichen Text zu interpretieren, muß man zunächst die Punkte außer acht lassen, die auf den ersten Blick die Stärke der Argumentation auszumachen scheinen. Und man muß weniger die Verse selbst außer acht lassen, auf die die Gesprächspartner zurückgreifen.

Die Hauptstärke der Argumente schien auf der Tatsache zu beruhen, daß Rabbi Elieser Verse anführte, die für die Erlösung eine moralische Bedingung stellen, während Rabbi Jehoschua an Texten Gefallen fand, in denen von bedingungsloser Erlösung die Rede ist.

Nehmen wir das erste Argument: Rabbi Elieser sagte: »Kehrt um, ihr abtrünnigen Söhne, ich will eure Abtrünnigkeit heilen.« Die wesentlichen Worte sind: »ich will heilen.« Die Abtrünnigkeit der Menschen bedeutet eine so radikale Verderbnis, daß sie eine Medikation erfordert. Aber das Übel als solches erkennen, das eine Medikation erfordert, heißt auch diese Medikation ohne vorherige Anstrengung des Kranken für unwirksam halten. Rabbi Elieser meint, wenn das Übel das Sein so sehr verdirbt, daß es eine Medikation verlangt, dann kann die Heilung nicht von außen erreicht werden, wie eine Gnade. Auf ein verdorbenes Sein hat der äußere Akt keinen Einfluß mehr. Nichts kann in ein Sein eindringen, das sich durch das Übel in sich selbst verschlossen hat. Es muß zuerst wieder zu sich kommen, um von außen geheilt zu werden. Eben *weil das Übel nicht bloß eine Abtrünnigkeit ist, sondern eine tiefe Krankheit des Seins, ist der Kranke der hauptsächliche und erste Urheber seiner Heilung*. Seltsame Logik, der Logik der Gnade völlig entgegengesetzt. Ich kann euch retten, unter der Bedingung, daß ihr zu mir zurückkehrt. Der Kranke muß genügend Hellsicht bewahren, um den Arzt aufzusuchen, sonst ist seine Krankheit Irrsinn, das heißt der Zustand desjenigen, der nicht einmal spontan den Arzt zu holen vermag. Ewige Forderung eines Denkens, das in der Sünde den Bruch mit der universalen Ordnung sieht, die egoistische Absonderung eines freien Seins.

Doch die Antwort des Rabbi Jehoschua macht eine nicht minder ewige Forderung geltend. Die Sünde, die trennt und absondert, hat ihrerseits eine Grundlage. Und diese Grundlage ist der Irrtum – der Irrtum aber ist dem äußeren Einfluß der Belehrung zugänglich. Ist für Rabbi Elieser jede Abtrünnigkeit ein Vergehen, so beruht für Rabbi Jehoschua das Vergehen seinerseits auf einem Irrtum. Die moralische Perversion beruht auf einer mangelhaften Bildung. Dieser Irrtum ist der Götzendienst. Er ist für das Judentum Rabbi Jehoschuas die Grundlage jeden Sittenverfalls, für sich selbst ist er lediglich ein Irrtum. »Umsonst wurdet ihr verkauft«, sagt Jeremia, und Rabbi Jehoschua beeilt sich hinzuzufügen: »Umsonst, das heißt wegen des Götzendienstes.« Eine dem Menschen angetane Kränkung rührt von einem radikalen Übel her. Sie wird nur durch die Vergebung des Gekränkten getilgt und erfordert eine Wiedergutmachung, die von demjenigen ausgehen muß, der gekränkt hat. Mit einer Gott angetanen Kränkung kommt Gott zurecht. Es ist »Unkultur«. Eben dies antwortete Rabbi Jehoschua: »Liegt der Schuld, die durch den rein äußerlichen Eingriff nicht wiedergutzumachen wäre und die gute Werke verlangt sowie eine vom Individuum kommende Initiative zur Wiederherstellung, nicht eine intellektuelle Unzulänglichkeit zugrunde? Müßte die durch einen haltlosen Irrtum (umsonst) verursachte Verfehlung nicht von außen wiedergutgemacht werden, ohne auf die guten Werke zu warten (ohne Geldausgabe)? Ist die menschliche Verfehlung nicht in erster Linie intellektuell und doktrinär? Und muß demnach der Messias nicht vor dem Hintergrund der Äußerlichkeit der Belehrung erscheinen?« Und so wird Rabbi Jehoschua ewig recht haben (wie übrigens auch Rabbi Elieser). Über die Verderbnis des Bösen hinaus sieht er einen intellektuellen Mangel, dem man von außen abhelfen kann und muß.

Kommen wir zu den anderen Argumenten. *Kehrt um zu mir, dann kehre ich mich euch zu.* Ein weiteres Mal wird hier durch den Mund des Rabbi Elieser die ewige Forderung der Moral bekräftigt: die totale *Wechselseitigkeit* zwischen freien Personen, die Gleichheit zwischen Freiheiten. Was ich gegenüber Gott bin, das ist Gott mir gegenüber. Im Namen einer solchen Freiheit muß das Heil des Menschen seinen Ursprung im Menschen haben.

Die ganze Diskussion steht seltsamerweise – wie ich bereits sagte – der christlichen Logik der Gnade entgegen: der Irrtum bedarf der Hilfe von außen, denn das wahre Wissen ist nicht das Wissen eines Autodidakten; das Vergehen dagegen läßt sich nur von innen wiedergutmachen.

Die Antwort des Rabbi Jehoschua? Die souveräne Freiheit, die hier angeführt wird, ist keineswegs gewiß. Beruht die Freiheit nicht auf einem vorherigen Vertrag mit dem Sein, dem gegenüber man sich als frei setzt? Sind die beiden freien Wesen, Gott und Mensch, wie Brautleute, die frei über ihre Verbindung entscheiden, diejenigen, die sie auch ablehnen können? Sind sie nicht schon jetzt durch ein eheähnliches Band miteinander vereint? Genau dieses Bild einer eheähnlichen Vereinigung, bei der die Initiative einem der Gatten zufällt, beschwört der von Rabbi Jehoschua zitierte Vers. Ist Gott ein Partner, den man akzeptiert oder ablehnt? Hat man ihn nicht auch dann akzeptiert, wenn man ihn ablehnt? Unterstellt die Freiheit im allgemeinen nicht ein Engagement, das der Ablehnung eben dieses Engagements vorausgeht? Übertragen wir das beispielsweise auf die politische Ebene. Ist derjenige, der den Staat ablehnt, zu dieser Ablehnung nicht durch eben den Staat herangebildet worden, den er ablehnt?

Wäre einer unserer Gesprächsteilnehmer des vorangegangenen Kolloquiums anwesend, so hätte er gewiß gegen diese Idee des Rabbi Jehoschua protestiert, gegen diese Aberkennung der Freiheit, gegen dies »du verleugnest mich, also bejahst du mich; du suchst mich, also hast du mich schon gefunden«. Sein Protest hätte ihn nicht außerhalb des Judentums gestellt: er befände sich in Übereinstimmung mit Rabbi Elieser.

Drittes Argument des Rabbi Elieser: *In Frieden und Ruhe soll euch geholfen werden.* Auch damit beruft er sich auf eine ewige Bedingung des Messianismus oder der Erlösung: die Möglichkeit, die Macht der Dinge aufzuheben, Distanz von ihnen zu gewinnen: Friede und Muße der Bewußtwerdung selbst, Freiheit des Denkens. Ohne sie ist die Selbsterneuerung – die Umkehr – nicht möglich. Als Erbteil jedes Bewußtseins als Bewußtsein sichern sie uns diese Erneuerung und diese Herrschaft über unser Schicksal von innen her.

Rabbi Jehoschuas Antwort ist schlagend. Haben der Knecht, der Unterentwickelte, der Proletarier, »der tief verachtete Mann«, nicht bereits ihr Selbstbewußtsein entfremdet, haben sie den Frieden und die Muße, Voraussetzungen der Selbstbesinnung? Ist da nicht der äußere Eingriff notwendig?

Wenn es also notwendig ist, daß die moralische Handlung von innen ausgeht, von dem »Intervall« zwischen Bewußtsein und

Meditation, dann muß im Konkreten ein vorhergehendes und objektives Ereignis die Voraussetzung dafür schaffen, es bedarf eines Eingriffs von außen: Messias oder Revolution oder politische Aktion, damit die Menschen überhaupt die Möglichkeit erhalten, zu dieser Muße und zu einem Selbstbewußtsein zu gelangen.

Schließlich das vierte Argument, mit dem die Debatte dramatisch wird: zum erstenmal taucht das Wörtchen *wenn* in dem zitierten Text auf: *Wenn ihr zu Mir umkehrt, dann kehre Ich mich euch zu.*

Die Forderung nach absoluter Moral ist eine Forderung nach absoluter Freiheit. Und infolgedessen eine Möglichkeit zur Unmoral. Denn was wird geschehen, wenn die Menschen nicht zu Gott umkehren? Folgendes wird geschehen: der Messias wird niemals kommen, die Welt wird dem Bösen preisgegeben, und die These der Atheisten – derer, die meinen, die Welt sei der Willkür und dem Bösen ausgeliefert – wird siegen. Die Moral fordert die absolute Freiheit, aber in dieser Freiheit liegt bereits die Möglichkeit einer unmoralischen Welt, das heißt das Ende der Moral; die Möglichkeit der unmoralischen Welt ist also in den Bedingungen der Moral eingeschlossen. Und deshalb besteht das letzte Argument des Rabbi Jehoschua darin, die Erlösung der Welt zu einem festgelegten Zeitpunkt brutal zu behaupten, ob die Menschen diese Erlösung nun verdienen oder nicht. Und eben darum schwieg Rabbi Elieser diesmal. Er schwieg, weil die Forderungen der Moral diesmal zu dem Punkt führen, wo sie im Namen der absoluten Freiheit des Menschen Gott leugnet – das heißt die absolute Gewißheit der Niederlage des Bösen. Es gibt keine Moral ohne Gott; ohne Gott ist die Moral nicht gegen die Unmoral gefeit. Gott erscheint hier in seinem reinsten Wesen, weit entfernt von allen Bildern der Inkarnation, hinter dem moralischen Abenteuer der Menschheit. Gott ist hier das Prinzip des Siegs des Guten schlechthin. Wenn Sie daran nicht glauben, wenn Sie nicht glauben, daß der Messias *auf jeden Fall* kommen wird, dann glauben Sie nicht mehr an Gott. Nunmehr begreift man die paradoxe und berühmte These besser: der Messias wird kommen, wenn die Welt ganz und gar schuldig ist. Sie ist die extreme Konsequenz eines evidenten Satzes: selbst wenn die Welt in Sünde versinkt, wird der Messias kommen.

Rabbi Elieser schwieg, aber seine These wird nicht fallengelassen. Sie lebt erneut zur Zeit von Raw und Schemuel auf. Und sie ist noch immer lebendig. Das Judentum verehrt seinen Gott in dem wachen Bewußtsein aller Gründe, aller Vernunft des Atheismus.

3. Die Widersprüche des Messianismus

Die Stelle, die sich auf die inneren Widersprüche des Erscheinens des Messias bezieht und ebenfalls aus dem Traktat Sanhedrin (98b) stammt, wird hier weniger streng kommentiert.

Hier der Anfang des Textes:

Ulla sagte: Mag der Messias kommen, ich aber will ihn nicht sehen. Ebenso sagte Raw.

Aber Rabbi Josse sagte (weil es immer jemanden gibt, der das Gegenteil sagt): *Mag er doch kommen, und mir sei es beschieden, im Schatten des Mistes seines Esels zu sitzen.*

Abbaje fragt Raw nach dem Grund für eine solche Haltung. Das Erscheinen des Messias wird von Katastrophen begleitet. Sollte euch das ängstigen? Aber heißt es nicht, der Mensch, der Werke der Liebe tut und die Thora studiert, entgehe dem Leiden der messianischen Zeit? Seid ihr nicht das Werk der Liebe selbst, die Thora selbst?

Aber Raw ist sich nicht sicher, ohne Sünde zu sein, er ist sich seiner Zukunft nicht sicher: Jakob hatte von Gott alle Versprechen erhalten, und war er nicht dennoch vor Esau voller Furcht? Sagte er sich da nicht, daß die Sünde ohne sein Wissen die göttlichen Verheißungen in Frage stellen könnte?

Und warum wurden Israel, als es aus Ägypten auszog, auf seinem Weg ins Gelobte Land Wunder zuteil, während bei seiner Rückkehr aus Babylon kein einziges Wunder geschah? Weiß man denn nicht, daß die Wunder für beide Gelegenheiten versprochen wurden, da Moses in seinem Lied des Roten Meeres im voraus Dank sagte für die Wunder bei der Rückkehr aus Babylon: »Bis hindurchzog dein Volk (aus Ägypten gekommen), bis hindurchzog das Volk, das du erschufst (in Babylon).« Das Versprechen konnte nicht in Erfüllung gehen, die Sünde mischte sich ein.

Das Subjekt ist also niemals reine Tätigkeit, das Subjekt stellt sich stets in Frage; das Subjekt besitzt sich nicht auf unveräußerliche und geruhsame Weise. Man verlangt ihm immer noch mehr ab. Je gerechter es ist, desto strenger wird es gerichtet. Kann man demnach ohne Furcht und Zittern den messianischen Zustand erreichen? Die Stunde der Wahrheit ist fürchterlich. Ist der Mensch der Klarheit gewachsen, die er herbeiwünscht? Es fragt sich, ob die Moral aufgrund ihrer wachsenden Anforderungen an das Ich, aufgrund des Skrupels, von dem sie lebt, sich nicht ausschließt von der messianischen Zeit, der Ära der Erfüllung.

Dieser Text ist pharisäisch, aber es geht um ein Pharisäertum, von dem die Evangelien nichts ahnten. Achten wir auf die Präzision der Antwort Raws. Er bezieht sich auf Jakob vor Esau und auf das aus Babylon zurückkehrende Israel, Jakob und Israel, Herr Israel und Ganz-Israel. Die sich empörenden Nationen sind sich ihrer Sache nicht sicherer als die Personen.

Aber es gibt noch einen zweiten Grund, sich den messianischen Tagen zu entziehen. Auch Jochanan erklärte: *»Mag er kommen, ich aber will ihn nicht sehen.«* Resch Lakisch fragte: »Weshalb denn? Etwa weil es über die messianische Zeit heißt, es ist, wie wenn jemand einem Löwen entflieht und ihn dann ein Bär überfällt, und er kommt nach Hause und stützt sich mit der Hand auf die Mauer, dann beißt ihn eine Schlange« (Amos 5, 19).

Aber ist diese Situation denn furchtbarer als die Zeit, in der wir jetzt schon leben? Begegnet jemand, der aufs Feld geht, nicht dem Vertreter des Gesetzes? Begegnet jemand, der in die Stadt kommt, nicht dem Steuereinnehmer? Und findet jemand, der nach Hause kommt, nicht Frau und Kinder dem Hunger preisgegeben? Ist die Rückkehr zur Bestialität, vor der Rabbi Jochanan sich fürchtet, etwa schrecklicher als die unmenschliche Politik und Ökonomie der Welt, in der wir leben? Haben wir in den Schrecken der Revolution etwas zu verlieren? Nicht davor also fürchtet sich Rabbi Jochanan. Er denkt voller Angst über einen Vers von Jeremia nach.

Und dieser Vers lautet: »Fragt doch und schaut zu, ob je ein Mann Kinder zur Welt bringt. Warum sehe ich alle Männer mit den Händen auf den Hüften wie eine Gebärende? Jedes Gesicht ist verstört und leichenblaß. Denn groß ist jener Tag, keiner ist ihm gleich« (Jeremia 30, 6-7).

Dies also ist der Vers, der Rabbi Jochanan entsetzt, denn er liest ihn wohlgemerkt auf seine Weise – alle Männer, nicht die gesamte Menschheit; *alle* Männer bezeichnet Denjenigen, bei dem alle Männlichkeit ist. Gott stemmt am Ende der Zeiten die Hände auf die Hüften, als wollte er gebären. Warum stemmt er die Hände auf die Hüften? Weil er im messianischen Augenblick die Bösen den Guten opfern muß. Weil auch in der gerechten Tat noch eine Gewalt ist, die leiden macht. Auch wenn die Tat vernünftig ist, wenn die Tat gerecht ist, enthält sie Gewalt.

Doch der Vers ist nicht zu Ende. Rabbi Jochanan erkennt zwei weitere Partner, diejenigen, deren Gesicht leichenblaß ist. Rabbi Jochanan sagt: »Diejenigen, deren Gesicht leichenblaß ist, sind die Bewohner der Himmel und die Bewohner der Erde.«

Die Bewohner der Himmel und der Erde sind leichenblaß. Weshalb? Weil sie fürchten, Gott könne sich anders besinnen und auf Strafen verzichten: die Bewohner von oben, die Engel, die reine Vernunft, deretwegen die Ungerechtigkeit bestraft und die Gerechtigkeit belohnt werden muß; sie wenden streng das vernünftige Gesetz der Vernunft an und können das Zaudern nicht verstehen; und die Bewohner hienieden, die Opfer des Bösen, diejenigen, die in ihrem Fleisch den furchtbaren Preis der verziehenen Ungerechtigkeit spüren, die Gefahr der gnädigen Vergebung des Verbrechens. Sie sind genau unterrichtet. Und diesmal treffen sich die Verfolgten und die rigoros Vernünftigen; beide fürchten, Gott könne auf seine gerechte Gerechtigkeit verzichten.

Aber das Wunderbare an dem Text ist, daß trotz den Gewißheiten der Bewohner des Oben und der Bewohner des Unten, trotz ihren so vollkommen gültigen Gründen und Erfahrungen, Derjenige, bei dem alle Männlichkeit ist, der weder Frau noch Sanftmut, weder Empfindsamkeit noch Mater Dolorosa, noch zärtlicher Sohn Gottes ist, vor der Gewalt, und sei sie gerecht, zaudert.

Und hier liegt auch der Grund, warum das notwendige Engagement für den Juden so schwierig ist. Der Grund, warum der Jude sich nicht engagieren kann, ohne sich sogleich zu desengagieren; der Grund, warum er stets diesen Nachgeschmack von Gewalt verspürt, selbst wenn er sich für eine gerechte Sache einsetzt; niemals kann der Jude mit wehenden Fahnen in den Krieg ziehen, zu den triumphierenden Klängen der Militärkapellen und mit dem Segen einer Kirche.

4. Jenseits des Messianismus
(Sanhedrin 98b-99a)

Raw Giddel sagte im Namen des Raw: Dereinst wird Israel die messianischen Jahre genießen.

Raw Josef sprach: Selbstverständlich, wer denn sollte sie genießen? Etwa Chillak und Billak?

Wohl alle meine Zuhörer haben im Geist denselben Einwand erhoben wie Josef: »Wem denn sonst, wenn nicht Israel, sind die messianischen Jahre verheißen?«

Aber was bedeuten die Wörter »Chillak« und »Billak«? Erste Bedeutung den Kommentatoren zufolge: Chillak und Billak wären, wie Hinz und Kunz, die erstbesten, irgendwer. Raw Josef wundert sich also darüber, daß Raw Giddel uns das Erscheinen des Messias für Israel verkündet, da das selbstverständlich sein sollte. Israel ist nicht der erstbeste, der die messianischen Jahre genießen wird. Nicht irgendwer genießt die messianischen Jahre. Man muß ihrer würdig sein, und darin unterscheidet sich der Messianismus vom Ende der Geschichte, wo objektive Ereignisse alle Welt befreien, alle Menschen, denen das Glück oder die Gnade beschieden ist, in der letzten Stunde der Geschichte anwesend zu sein.

Nach einem anderen Kommentator bedeuten die Wörter »Chillak« und »Billak« (an diese Kleinigkeiten heften sich große Gedanken) zwei Ratsherren. Jedoch von besonderer Art: es sollen die Ratsherren von Sodom sein. Der Einwand des Raw Josef liefe also auf folgendes hinaus: »Meint ihr etwa, die messianische Zeit wäre für die Ratsherren von Sodom bestimmt?«

Was ist demnach neu an diesem Einwand, der die Ratsherren von Sodom vom Messianismus ausschließt? Vielleicht darf man Sodom nicht auf seine historische und geographische Bedeutung beschränken. Fast überall ist man ein wenig aus Sodom. Ratsherren jedoch, und seien sie aus Sodom, stellen als Ratsherren ihr Handeln unter das Zeichen des Universalen; die Ratsherren von

Sodom sind Leute, die immerhin das politische Leben und den Staat kennen; nach den Theoretikern des Endes der Geschichte sind nun aber Leute, die unter dem Zeichen des Universalen handeln, für ihre Epoche gerecht. Jede Politik ist – aufgrund der Universalität ihrer Absicht – moralisch, und jede universale Intention ist auf die Auflösung der Geschichte ausgerichtet. Unser Text würde also lehren, daß die bloße Tatsache, unter dem Zeichen des Universalen zu handeln, nicht den Eintritt in die messianischen Jahre rechtfertigt, daß die messianischen Jahre nicht allein der Universalität entsprechen, die ein Gesetz oder ein menschliches Ideal umfaßt. Sie haben einen Inhalt.

Chillak und Billak, Ratsherren von Sodom, werden nicht im Hinblick auf ihre historische Situation gerichtet – sie sind in jedem Augenblick reif für das absolute Gericht. Kein historischer Relativismus zur Entschuldigung des Menschen! Das Böse kann universale Formen annehmen, und der Sinn der messianischen Hoffnung selbst besteht vielleicht darin, anzuerkennen, daß das Böse durch sich selbst universale Formen hätte annehmen, *Staat* hätte werden können, daß aber ein höchster Wille seinen Sieg verhindern wird.

Wenn aber die messianischen Jahre unstreitig Israel betreffen, weshalb es dann sagen? Sollte Raw Giddel eine Banalität lehren? In Wirklichkeit spricht er, um eine entgegengesetzte These beiseitezuschieben, eine These, die für alle überraschend ist – außer für diejenigen, die gehört haben, wie Jankélévitch in einer Art prästabilierter Harmonie die Fortsetzung unseres Textes erriet: Israel hat keine messianischen Hoffnungen mehr. Hier diese Fortsetzung:

Damit wollte Raw Giddel (der versicherte, Israel werde die messianischen Jahre genießen) *die Auffassung des Rabbi Hillel abwehren, der sagte: Israel hat keinen Messias mehr [zu erwarten], denn es hat die messianische Zeit schon in den Tagen des Königs Hiskia genossen.*

Betonen wir zunächst, daß unser Rabbi Hillel nicht mit dem berühmten Hillel »dem Alten« identisch ist. Aber er ist ein Rabbi, das heißt ein Tannait, ein Schriftgelehrter aus der Zeit vor dem Ende des 2. Jahrhunderts. Im ganzen Talmud kennen wir von ihm nur diesen Ausspruch: *Israel hat keinen Messias mehr.* Für Israel wäre der Messianismus ein überholtes Stadium, das zur Zeit des Königs Hiskia durchlaufen worden ist – einige tausend Jahre vor Rabbi Hillel. Und seitdem? Sollte es höhere Hoffnungen geben?

Für Rabbi Hillel jedenfalls taugte der Messianismus für ein primitives Israel, ein sehr altes Israel. Vielleicht wollte Rabbi Hillel auch sagen, daß der Messianismus den Völkern noch bevorstehe, wohingegen er für Israel bereits gekommen sei. Daß der Messias der Juden bereits gekommen sei (achthundert Jahre v. Chr.), der Messias der Völker dagegen noch in der Zukunft liege – eine ungeheuerliche Behauptung! Ihre Kühnheit ist so maßlos, daß die Überlieferung die These zurückweist.

Zunächst beginnt unser Text damit, sie durch den Mund von Raw Giddel, der im Namen des Raw spricht, zu verwerfen. Raw Giddel widersetzt sich der Abirrung, der phantastischen Idee eines überholten Messianismus. Aber die These wird einige Zeilen später noch einmal verworfen: *Raw Josef sprach: Der Herr verzeihe Rabbi Hillel* (99a). Immerhin steht die Meinung von Rabbi Hillel – diese verworfene Meinung – gewissermaßen im Protokoll der Diskussion. Rabbi Hillels Meinung wird nicht einfach mit Stillschweigen übergangen. Wenn man die Struktur des talmudischen Denkens kennt, in der eine gültige These nie erlischt, sondern gleichsam einer der Pole des Denkens bleibt, das sich zwischen ihm und dem entgegengesetzten Pol bewegt, kann man den wahren Wert der Behauptung des Rabbi Hillel ermessen.

Aber nun muß endlich gesagt werden, wie die Kommentatoren sie interpretieren. Das erlaubt es, den positiven Gedanken aufzuzeigen, der seine Kritik des Messianismus leitet. Einhellig lassen die Kommentatoren Rabbi Hillel folgendes sagen: wenn für Israel der Messias bereits gekommen ist, so heißt das, daß Israel die Erlösung von Gott selbst erwartet. Da ist sie also, die höchste Hoffnung! Rabbi Hillels Meinung birgt ein Mißtrauen gegenüber der messianischen Idee, gegenüber der Erlösung durch den Messias: Israel erwartet eine größere Auszeichnung als diejenige, von einem Messias gerettet zu werden. Und dieses Überschreiten der messianischen Idee läßt sich auf verschiedene

Weise interpretieren. Diejenige, der sich Jankélévitch anschließen würde, ist nicht die schlechteste: wenn sich die moralische Ordnung unaufhörlich vervollkommnet, dann ist sie immer im Fluß, niemals am Endpunkt. Das moralische Ende ist unmoralisch. Das Ende der Moral ist so absurd wie der Stillstand der Zeit, den es voraussetzt. Die Erlösung durch Gott fiele mit der Souveränität einer lebendigen Moral zusammen, die unendliche Fortschritte zuläßt.

Hier öffne ich eine Parenthese: die Art, wie ich den talmudischen Text lese (eine Art, die ich nicht erfunden habe, denn sie wurde mir von einem angesehenen Lehrmeister beigebracht), besteht darin, dem Wort »Israel« niemals nur einen ethnischen Sinn zu geben. Wenn es heißt, Israel sei einer größeren Auszeichnung würdig als des Messianismus, handelt es sich nicht allein um das historische Israel. Nicht durch die Tatsache, Israel zu sein, definiert sich die Auszeichnung, sondern durch die Auszeichnung – die Würdigkeit, von Gott erlöst zu werden – definiert sich Israel. Zwar bezeichnet der Begriff Israel eine Elite, jedoch eine offene Elite sowie eine Elite, die sich durch bestimmte Eigenschaften definiert, die dem jüdischen Volk konkret zugeschrieben werden. Das erweitert alle Perspektiven, die sich über den talmudischen Texten öffnen, und entlastet uns ein für allemal von dem streng nationalistischen Charakter, den man Israels Partikularismus geben möchte. Dieser Partikularismus existiert zwar, wie wir sehen werden, aber er hat keinen nationalistischen Sinn. Im jüdischen Partikularismus kommt ein bestimmter Begriff von Universalität zum Ausdruck.

Um auf Rabbi Hillels These zurückzukommen, so darf man freilich nicht glauben, sie bringe ein schieres Paradox zur Sprache. Im Talmud taucht sie nur einmal auf. Rabbi Hillel hat nie etwas anderes gesagt; vielleicht hat er damit etwas hinreichend Wichtiges gesagt, das ihn geringerer Werke enthob. Aber seine These folgt einer alten Überlieferung. Ich behaupte nicht, daß es die einzige Überlieferung des Judentums ist. Sollte der Messias ein Mensch sein, sollte der Messias ein König sein, dann ist das Heil durch den Messias ein Heil durch Stellvertretung. In dem Maße, in dem der Messias ein König ist, ist das Heil durch den Messias nicht dasjenige, in dem jeder sich individuell rettet.

Denn es setzt voraus, daß man sich in ein politisches Spiel begibt. Das Heil durch den König, und wäre er der Messias, ist noch nicht das höchste Heil, das sich dem Menschen eröffnet. Der Messianismus ist Politik, seine Erfüllung gehört Israels Vergangenheit an – genau das ist die Stärke der Position des Rabbi Hillel.

Um zu zeigen, daß diese Position keine Ausnahme ist, erinnere ich an das Buch Samuel, wo sich Israel zum erstenmal einer politischen Existenz zuwendet und wo sich die Spannung zwischen dem Politischen und dem rein Religiösen kraftvoll behauptet. Ich erinnere an den Widerstand, den der Prophet Samuel dieser politischen Bestrebung entgegensetzt, an seine stets widerwillig gegebene Zustimmung zur Forderung des Volkes. Jedesmal, wenn er, resigniert, das Volk versammelt, bleibt er hart und voll Verachtung. Er wirft dem Volk diesen Eintritt in die politische Existenz vor, die Kränkung, die Gott damit angetan wird. Was ist ein Volk, das nur Gott zum König hat, konkret anderes als eine Existenz, in der nichts stellvertretend geschieht, in der jeder einzelne ganz und gar teilhat an dem, was er gewählt hat, und in der jeder einzelne ganz und gar seiner Wahl gegenwärtig ist? Unmittelbare Beziehung zwischen dem Menschen und Gott, ohne politische Vermittlung. Das geht über den noch politischen Messianismus hinaus, der, gemäß der folgenden Seite des Traktats Sanhedrin, nur von begrenzter Dauer sein wird. Das Judentum liefert also keine Doktrin von einem Ende der Geschichte, die das individuelle Schicksal beherrscht. Das Heil ist kein Teil der Geschichte – nicht ihr Abschluß. Es bleibt *in jedem Augenblick* möglich.

Wir sehen also, daß Rabbi Hillels These eine grundlegende Möglichkeit des Judentums ausdrückt. Gewiß bezeugt die Bibel, daß Gott Samuel befiehlt, dem Volk nachzugeben. Wahrscheinlich ist es nicht möglich, für alle eine Form der Existenz aufrechtzuerhalten, wo Gott allein König ist. Doch eben diese Existenzform erscheint Schemuel und wahrscheinlich auch Rabbi Hillel, der seine Tradition fortsetzt, als die ideale, des Menschen würdige Existenzform.

Auch diejenigen, die Rabbi Hillel widerlegen, sind sich gewiß einig in bezug auf die Auszeichnung des Schicksals Israels gegenüber dem Schicksal der bloß politischen Nationen. Doch wenn ihnen zufolge Israel den messianischen Jahren verheißen ist, so bedeutet das nicht, daß es allein ihrer würdig ist, es bedeutet, daß diese messianischen Zeiten seiner nicht unwürdig sind.

Die zwei Zeilen, die ich aus dem Folgenden herauslösen will, bestätigen insbesondere die Idee, daß der Messianismus nicht für alle Weisen Israels den Sinn der menschlichen Geschichte erschöpft. Es wird uns nämlich gesagt:

Raw sagte: Die Welt ist bloß um Davids willen erschaffen worden. Schemuel sagte: um Moses willen. Rabbi Jochanan sagte: um des Messias willen.

Von den drei genannten Lehrmeistern sieht nur Rabbi Jochanan den Sinn des Universums und der Schöpfung im Messias. Raw und Schemuel haben diesen Sinn anderswo gesucht.

Der »König David« unterscheidet sich hier vom Messias. Er ist der Verfasser der Psalmen, in denen die Dichtung mit dem Gebet verschmilzt, in denen sich das Gebet in Dichtung ergießt. Die Welt hat von dem Augenblick an einen Sinn, wo sich auf dieser Welt die Verehrung zeigt, ein endliches Wesen, das vor etwas gestellt ist, was es übersteigt, in dem jedoch diese Gegenwart vor dem Allerhöchsten zur Exaltation des Psalms wird. Für Schemuel wurde die Welt um Moses willen erschaffen: das Geschöpf ist von dem Augenblick an gerechtfertigt, da die Thora in die Welt getreten ist. Die Möglichkeit eines moralischen Lebens vollendet das Geschöpf.

Rabbi Jochanan meint, der Messias sei noch notwendig für die Welt, in der es bereits das Gebet und die Thora gibt – und seine Meinung ist zweifellos plausibel. Es ist nicht die Meinung aller.

5. Wer ist Messias?

Ich komme nun zu einem Absatz, in dem ein scheinbar nichtiges Problem gestellt wird. Vielleicht enthält er einen antichristlichen Einschlag: es geht um die Frage nach dem Namen des Messias, und dieser Name hat keine Ähnlichkeit mit dem des Begründers des Christentums. Aber der wahre Sinn des Textes erschließt sich nicht auf den ersten Blick.

Wie lautet sein Name? In der Schule des Rabbi Schila sagten sie, sein Name sei Schilo, denn es heißt (Genesis 49, 10), *»bis Schilo kommt«.*

In der Schule des Rabbi Jannai sagten sie, sein Name sei Jinnon, denn es heißt (Psalm 72, 17): *»Sein Name soll ewig bestehen; vor der Sonne soll sein Name sprossen«* (hebräisch: *jinnon*).

In der Schule des Rabbi Chanina sagten sie, sein Name sei Chanina, denn es heißt (Jeremia 16, 13): *»Ich werde euch keine Gnade* (hebräisch: *chanina*) *mehr schenken.«*

Worum geht es? Man will den Namen des Messias herausfinden. Drei Möglichkeiten bieten sich an: Schilo, Jinnon und Chanina. Die drei Namen ähneln den Namen der Lehrmeister, deren Schüler jeweils die Namen Schilo, Jinnon und Chanina ausgesprochen haben. Die Erfahrung, in der sich die messianische Persönlichkeit offenbart, läuft damit auf die Beziehung zwischen dem Schüler und seinem Lehrer hinaus. Die Schüler-Lehrer-Beziehung, die anscheinend streng intellektuell bleibt, birgt den ganzen Reichtum der Begegnung mit dem Messias. Und folgendes ist höchst bemerkenswert: daß das Band zwischen Schüler und Lehrer die Verheißungen der prophetischen Texte in ihrer Größe und ihrer Zärtlichkeit bestätigen kann, ist vielleicht die überraschendste Neuheit dieser Stelle. Nicht von der Ähnlichkeit zwischen dem Namen des Lehrers Rabbi Schila und dem geheimnisvollen Namen des neunundvierzigsten Kapitels der Genesis wird in unserem Text berichtet, sondern davon, daß in der Lehre des Meisters die Ankunft des Friedlichen gegenwärtig ist (man übersetzt Schilo mit »friedlich« und setzt es damit in Beziehung zu *Schalom*, Friede), dem die Völker gehorchen werden, davon, daß in den Lektionen des Meisters der Herr des Friedens und der Fülle gegenwärtig ist, dessen Bild jener Ankunft im Text folgt (»Freurig von Wein funkeln die Augen, seine Zähne sind weißer als Milch«).

Und nicht auf die Ähnlichkeit des Namens Jannai mit dem Wort *jinnon*, das man notfalls (aber nur notfalls) in den Psalmen für einen Eigennamen halten kann, kommt es an, sondern darauf, daß sich in der Lehre des Meisters die Verheißung des messianischen Psalms 72 erfüllt. Dieser Psalm spricht eingangs nicht von Frieden, sondern von Gerechtigkeit, von Beistand für den, der nirgendwo Zuflucht noch Beistand findet. Es handelt sich um einen König, der den Armen zum Recht verhilft, den Gewalttätigen zermalmt und dessen Herrschaft sich von Meer zu Meer bis ans Ende der Erde erstreckt, »Liwnei schemesch Jinnon schmo«. Der Talmud übersetzt frei: Vor der Sonne ist sein Name Jinnon. Vor der Sonne – vor der Natur, vor der Schöpfung. Die Gerechtigkeit geht der sichtbaren Herrlichkeit voraus und bedingt sie. In der Tat ordnet der Psalm den Überfluß selbst der sozialen Gerechtigkeit unter. Das Ansehen, das der Messias bei den anderen Völkern genießt, hängt von seiner Bereitschaft ab, Gerechtigkeit zu üben und das Volk zu beschützen. Dem Messianismus wird also ein Inhalt verliehen. Und dieser Inhalt leuchtet auf dem Gesicht des Lehrmeisters. Die Lehrer-Schüler-Beziehung besteht nicht darin, einander Ideen zu vermitteln. Sie ist die erste Ausstrahlung des Messianismus selbst.

Der dritte Name enthüllt einen neuen Aspekt des Messianismus: die Gnade, die Liebe. Bisher ging es um Frieden und Gerechtigkeit – die Universalität ihrer Ausdehnung und das rationale Gesetz, die sie stützen, können zweifellos auf dem Gesicht des Lehrmeisters leuchten. Aber nun wird sogar die messianische Fülle der Gnade und Liebe dank der Unterweisung antizipiert. Die Stelle aus Jeremia (16, 13), auf die unser Text verweist, ist genau diejenige, die das Exil ankündigt. Die Gegenwart des Lehrmeisters ist wie die Erlösung, die Rückkehr aus dem Exil, die Begegnung mit der Gnade.

Und das führt uns zu der Fortsetzung, die ich Sie bitte, mit mir zu lesen:

Manche sagen, sein Name sei Menachem, Sohn Hiskias, denn es heißt (Klagelieder 1, 16): *»Fern ist der Tröster* (hebräisch: *menachem*), *mich zu erquicken.«*

Der Tröster erscheint nicht auf dem Gesicht des Lehrmeisters, er kündigt sich außerhalb der Unterweisung an. Der Tröster geht weiter als der Mann des Friedens, der Gerechtigkeit und der Gnade. Friede, Gerechtigkeit, Gnade betreffen ein Kollektiv, der Tröster dagegen unterhält eine individuelle Beziehung zu dem, den er tröstet. Man kann einer Gattung gnädig sein, aber man tröstet nur eine Person.

Infolgedessen charakterisiert Menachem, der vierte mutmaßliche Name des Messias – diese Namen definieren den Messianismus –, die messianische Zeit als eine Epoche, in der das Individuum zu einer persönlichen Anerkennung gelangt, über die Anerkennung hinaus, die ihm aufgrund seiner Zugehörigkeit zur Menschheit und zum Staat zuteil wird. Nicht in seinen Rechten wird es anerkannt, sondern in seiner Person, in seiner strikten Individualität. Die Personen verschwinden nicht in der Allgemeinheit einer Entität. Wir finden das Thema Rabbi Hillels wieder: wir werden von Gott selbst gerettet, wir werden nicht durch Stellvertretung gerettet.

Ich schließe mich hier der berühmten talmudischen Sentenz an, die im selben Geist besagt: »An dem Tag, an dem man die Wahrheit wiederholen wird, ohne den Namen dessen zu verhehlen, der sie als erster ausgesprochen hat, wird der Messias kommen.« Am Tag, an dem die Wahrheit trotz ihrer unpersönlichen Form den Stempel desjenigen tragen wird, der sich in ihr ausgedrückt hat, an dem ihre Universalität sie vor der Anonymität bewahrt, an diesem Tag wird der Messias kommen. Denn diese Situation ist der Messianismus selbst.

Achten wir schließlich auf die allgemeine Haltung des Textes: obwohl er dem Erscheinen des Messias seine außergewöhnliche Bedeutung bewahrt, situiert er es innerhalb des bereits erworbenen Erbes des Judentums; der Vorgeschmack und mehr noch als der Vorgeschmack dieser außergewöhnlichen Erfahrung ist bereits bekannt.

Und die Rabbinen sagten, sein Name sei »der Aussätzige des Lehrhauses«.

»Die Rabbinen«, im Plural, das kündigt eine Meinung von großer Autorität an.

Denn es heißt (Jesaja 53, 4): *»Aber er hat unsere Krankheiten getragen und unsere Schmerzen auf sich geladen. Wir meinten, er sei von Gott geschlagen, von ihm getroffen und gebeugt.«*

Es handelt sich um das berühmte Kapitel 53 des Jesaja, dessen Weissagung den Christen so präzise zu sein scheint. Es soll lediglich den Aussätzigen ankündigen, der sich bei Rabbi aufhält. Über den individuellen Messias hinaus soll es eine Existenzform ankündigen, deren Individuation nicht in einem einzigen Wesen liegt.

Wir finden hier das wieder, was ich vorhin über die Vertrautheit der messianischen Erfahrung im Judentum sagte. In den folgenden Zeilen wird uns gesagt: »*Vielleicht ist es Rabbi selbst, oder vielleicht bin ich es, wenn er zu den Lebenden gehört, oder Daniel, wenn er zu den Toten gehört.*« Das der Ankunft des Messias entgegensehende Judentum geht bereits über den Begriff eines mythischen Messias hinaus, der sich am Ende der Geschichte zeigt, und begreift den Messianismus als eine persönliche Berufung der Menschen.

Raw Nachman sagte: Gehörte er zu den Lebenden, so bin ich es, denn es heißt (Jeremia 30, 21): »*Sein Machthaber wird ihm selbst entstammen, sein Herrscher aus seiner Mitte hervorgehen.*«

Raw sagte: Gehört er zu den Lebenden, so ist es unser heiliger Meister. [Rabbi Juda hanassi, Verfasser der Mischna.] *Gehört er zu den Toten, so ist es Daniel, der Liebling.*«

Der Messias wird nicht mehr in einer Beziehung zu uns gesehen, sondern in seinem eigenen Wesen. Der Messias ist der Mensch, der leidet. Er ist bereits der Aussätzige, den wir in der Schule unseres Meister, Rabbi Juda hanassi, kennenlernten, einfach ein Mensch für sich. Er sei denn, der Messias ist trotzdem ein Mann von gewisser Autorität. Es wäre also nicht der erstbeste, und sei er gerecht; der Aussätzige im Hause Rabbis ist Rabbi selbst, der das Leid auf sich geladen hat. Oder er ist Daniel, der Liebling, der trotz der Prüfungen, die Nebukadnezar ihm auferlegt, gerecht bleibt. Auch er war von der politischen Obrigkeit mit einigen Befugnissen ausgestattet. Die Epoche änderte nichts daran. Jede Epoche hat ihren Messias.* Zwischen diesen beiden Möglichkeiten (der Messias ist der Aussätzige der Schule Rabbis und der Messias ist Rabbi selbst, oder er ist Daniel, der Liebling) steht der sonderbare Text, den wir noch nicht kommentiert haben.

Raw Nachman sagte: Gehört er zu den Lebenden, so bin ich es, denn es heißt (Jeremia 30, 21): »*Sein Machthaber wird ihm selbst entstammen, sein Herrscher aus seiner Mitte hervorgehen.*«

Der Text Jeremias, auf den Raw Nachman sich beruft, verkündet die Ära der Erlösung, in der Israel nicht von einem fremden, sondern von einem aus seiner Mitte hervorgegangenen König

* Das Leid selbst zählt nicht wegen irgendeiner sühnenden Kraft, sondern als Zeichen der Treue und Wachsamkeit des Bewußtseins (*Bawa mezia*, 84b).

regiert wird. Dies scheint auf den ersten Blick der Sinn des Verses zu sein. Wie läßt sich aus einem solchen Vers Raw Nachmans Meinung ableiten: »Vielleicht bin ich es?« Was sagen die Kommentatoren dazu?

Raschi schweigt. Er, der gewöhnlich jedes Detail erklärt (für den Talmud gibt es keinen besseren Lehrmeister als Raschi), sagt nichts.

Marchaa behauptet, daß Raw Nachman zum Geschlecht König Davids gehörte. Er unterstellt ihm also folgende Überlegung: wenn Jeremia Israel ankündigt, ein aus seiner Mitte hervorgegangener Herrscher werde an die politische Macht kommen, dann darf Raw Nachman mit Recht auf ein messianisches Schicksal hoffen. Marchaa schlägt sich offensichtlich mit einem theologischen Problem herum: Bezeichnet Raw Nachmans Behauptung nicht einen Messias, der nicht zum Geschlecht Davids gehört?

Ich gestatte mir, eine weniger spezifische Interpretation dieses Textes vorzuschlagen. Zwar muß man äußerst vorsichtig sein, wenn man die biblischen Texte interpretiert, weil der Talmud schon einiges über sie gesagt hat, doch bezüglich der talmudischen Texte ist Kühnheit erlaubt, da sie sich von vornherein an unsere Intelligenz wenden, zur Deutung ermuntern, immer *darschenu* sagen. Jeremias Text bezieht sich auf eine Epoche, in der Israels Herrschaft wiederhergestellt wird. Der Messias ist der Fürst, der so regiert, daß er die Herrschaft Israels nicht mehr entfremdet. Er ist die absolute Interiorität der Regierung. Gibt es eine radikalere Interiorität als diejenige, bei der das Ich sich selbst befiehlt? Und die Nichtfremdheit schlechthin ist die Selbstheit. Der Messias ist der König, der nicht mehr von außen befiehlt. Diese Idee Jeremias wird von Raw Nachman bis zu ihrem logischen Ende gedacht. Der Messias ist Ich, Ich-Sein heißt Messias sein.

Wie wir sahen, ist der Messias der Gerechte, der leidet, der das Leid der anderen auf sich geladen hat. Wer lädt letztlich das Leid der anderen auf sich, wenn nicht das Sein, das »Ich« sagt?

Gerade die Tatsache, sich der Last, die das Leid der anderen auferlegt, nicht zu entziehen, definiert die Selbstheit. Alle Personen sind Messias.

Das Ich als Ich, das alles Leid der Welt auf sich nimmt, bestimmt sich ganz allein für diese Rolle. Sich auf diese Weise bestimmen, sich nicht entziehen, so daß man antwortet, noch bevor der Ruf ertönt, genau das heißt Ich sein. Das Ich ist derjenige, der sich selbst dazu ernannt hat, alle Verantwortung der Welt zu tragen. der *»Samo-Zwanez«*, den Jankélévitch freilich anprangerte, der *Samo-Zwanez* schlechthin, derjenige, der sich selbst bevollmächtigt. Und daß er das Leid aller auf sich nehmen kann, hat folgenden Grund: er kann nur in dem Maße »Ich« zu sich sagen, wie er dieses Leid bereits auf sich genommen hat. Der Messianismus ist nichts anderes als jener Höhepunkt des Seins, den die Zentralisierung, die Konzentration oder das Wenden auf sich des Ichs bildet. Und das bedeutet konkret, daß jeder so handeln muß, als wäre er der Messias.

Der Messianismus ist also nicht die Gewißheit der Ankunft eines Menschen, der die Geschichte anhält. Er ist meine Fähigkeit, das Leid aller zu tragen. Er ist der Augenblick, in dem ich diese Fähigkeit und meine universale Verantwortung erkenne.

Rabbi Jehuda sagte im Namen Raws: Dereinst wird ihnen der Heilige, gepriesen sei er, einen anderen David aufstellen, denn es heißt (Jeremia 30, 9): *»Die Kinder Jakobs werden dem Herrn, ihrem Gott, dienen und David, ihrem König, den ich ihnen erstehen lasse.«*

In der Tat sagt der zitierte Vers nicht, »den ich erstehen ließ«, sondern »den ich erstehen lasse«. Die Verwendung des Futurs würde also auf das zukünftige Erscheinen eines neuen Königs namens David hinweisen.

Raw Papa sprach zu Abbaje: Es heißt doch aber (Ezechiel 37, 25): *»Sie und ihre Kinder und Kindeskinder werden für immer darin wohnen, und mein Knecht David wird für alle Zeit ihr Fürst sein.«*

Diesem Text entnimmt Raw Papa: der David der künftigen Zeiten ist nicht ein neuer, sondern der alte David.

Die Schlußfolgerung (den Prämissen gewachsen!):

Also wie Kaiser und Vizekaiser.

Der neue David wird Kaiser sein und der alte David Vizekaiser. Was läßt sich die talmudische Einbildungskraft nicht alles einfallen: einen Messias und einen Vizemessias!

Dieser seltsame Text fordert den Historiker heraus, denn er behauptet die Existenz zweier Davids, und er behauptet, vielleicht noch tiefer, daß alle historischen Personen ihr Double haben. Schon lange entrüsten sich die Israelis, namentlich sogar Ben Gurion, über die Freiheit, die sich der Talmud gegenüber den biblischen Personen herausnimmt, indem er den historischen David, diesen feurigen, sanguinischen, schönen Mann in einen Rabbi mit Schläfenlocken verwandelt, seine Interessen auf Fragen der Reinheit und Unreinheit beschränkt (in einem Bereich, den ich öffentlich nicht zu nennen wage), ihn früh aufstehen und sehr spät zu Bett gehen läßt, entgegen den Gepflogenheiten aller Könige der Welt.

Ist der historische David – man braucht nur das Buch Samuel zu lesen – nicht feurig, sanguinisch, fröhlich, verliebt, mit allen Eigenschaften der Könige der Erde begabt?

Haben die Gelehrten des Talmud in dem Text, der uns beschäftigt, Ben Gurions Entrüstung vorausgesehen? Jedenfalls meinen sie, der geschichtliche David sei niemand anderes als der zweite, sein eigenes Double; und die Bedeutung, die David über seine Zeit hinaus erlangt habe, komme dem realen David zu. Der alte David sei nur der Vizekaiser jenes anderen David, »den ich ihnen erstehen lasse« und welcher der wahre David ist, der neue, nichthistorische David. Es gibt keine historische Gestalt, die sich nicht durch dieses überhistorische Phänomen verdoppelte. Jedes historische Ereignis transzendiert sich, gewinnt einen metaphorischen Sinn, der seine wörtliche Bedeutung leitet. Der metaphorische Sinn bestimmt den wörtlichen und lokalen Sinn der Ereignisse und Ideen. Und in diesem Sinne ist die menschliche Geschichte ein geistiges Werk. Die historische Gestalt transzendiert sich in der überhistorischen Gestalt, die ihr Herr und Meister ist. Die historische Gestalt, die den Staat gründet, hat nur Sinn, wenn sie der Gestalt gehorcht, die zwar noch irreal, aber realer und wirksamer ist als der reale König.

Raw hat also das Verhältnis des Messias zur Geschichte untersucht – oder das des Messianismus zu den konkreten Epochen der Historiker.

Rabbi Simlaj trug vor: Wie ist das Schriftwort zu verstehen (Amos 5, 18): »*Weh denen, die den Tag des Herrn herbeiwünschen. Was nützt euch denn der Tag des Herrn? Finsternis ist er, nicht Licht.*«

Wie ist dieser Text auf den ersten Blick zu verstehen? Es handelt sich wahrscheinlich um diejenigen, die ständig wiederkäuen: »Ach, wenn es doch endlich Gerechtigkeit, ein wenig Gerechtigkeit auf dieser Erde gäbe!« Als ob sie unschuldig wären! Wären sie nicht die ersten, die die Einführung der Gerechtigkeit auf Erden verdrösse?

Die Gleichsetzung des »Tag des Herrn« mit dem »Tag der Finsternis« enthält zweifellos diesen ersten Sinn. In dieser Weissagung ist nichts Apokalyptisches. Der messianische Traum und sogar der einfache Traum von Gerechtigkeit, an dem die menschliche Einfalt Gefallen finden mag, verspricht ein peinliches Erwachen. Die Menschen sind nicht nur die Opfer der Ungerechtigkeit; sie sind ihre Ursache. Der biblische Text empört sich gegen den idyllischen Messianismus der universalen Vergebung und erinnert an die Strenge, die Gerechtigkeit und Gericht enthalten.

Aber der Talmud gibt dieser Version des Propheten eine noch tiefere Bedeutung. Der Tag der Finsternis bedeutet nicht nur die Strenge des Gerichts. Es kommt ihm auf die Existenz von Seelen an, die unfähig sind, das Licht zu empfangen, untauglich für das Heil. Hier die Fortsetzung des Textes.

Ein Gleichnis mag dies veranschaulichen. Ein Hahn und eine Fledermaus warteten einmal auf das Tageslicht. Da sprach der Hahn zur Fledermaus: Ich warte auf das Tageslicht, denn es ist für mich bestimmt, du aber, was soll dir das Tageslicht?

Der Messias kommt allein für den, der wartet. Es gibt keine objektive Erlösung. Kein Messianismus für die Fledermaus! Der Hahn und die Fledermaus: der Hahn ist der »Spezialist« des Tageslichts, es ist sein Element. Er hat nicht nur Augen, es zu empfangen, er hat auch, wenn ich so sagen darf, »eine Nase« für das Tageslicht. Die Lerche, die die Sonne begrüßt – alle Welt kann es ihr gleichtun. Alle Welt ist imstande, den Morgen zu begrüßen. Aber in dunkler Nacht den Anbruch des Tages zu erkennen, das Nahen des Lichts, noch bevor es leuchtet – vielleicht besteht darin die Intelligenz. Ich wunderte mich schon immer über den täglichen Segensspruch des Rituals: »Gepriesen sei der Ewige, der dem Hahn Verstand verlieh, zwischen Tag und Nacht zu unterscheiden.« Oder, wenn man will, ich wunderte mich schon immer, daß man in diesem Segensspruch *»Sechwi«* – Verstand besitzen – immer mit Hahn übersetzt hat. Auch dachte ich, daß zur Unterscheidung zwischen Tag und Nacht kein großer Scharfsinn vonnöten sei. Unsere Weisen urteilten anders darüber. Der Hahn, der den Morgen wahrnimmt, der in der Nacht einige Augenblicke im voraus das Nahen des Lichts fühlt, welch wunderbares Symbol der Intelligenz. Einer Intelligenz, die den Sinn der Geschichte vor dem Ereignis kennt und ihn nicht einfach nachträglich errät.

Die Fledermaus soll das Licht nicht sehen können. Die Kommentatoren sagen: die Fledermaus hat das Licht nicht, sie ist in der Finsternis. Die Finsternis lastet auf ihr, sie ist unglücklich in der Finsternis. Aber leider sagt das Licht ihr nichts. Es ist das Bild der Verdammnis schlechthin, wenn anders die Verdammnis nicht als äußere Sanktion zum Bösen hinzukommt, mit Gewalt aufgezwungen, wenn die Verdammnis in tieferer Weise tragisch ist als eine Gewalttat. Die Fledermaus leidet an der Finsternis, aber das Licht würde ihr nichts bringen.

Grausamer Messianismus. Der Messias verweigert sich denen, die für das Licht nicht mehr taugen; selbst wenn die Finsternis auf ihnen lastet.

Und der Text greift nun das Gesagte auf und verwandelt es ein weiteres Mal. Von der Idee, daß die Wahrheit sich nur demjenigen zeigt, der innerlich bereit ist, geht er zu der Idee über, daß sie im logischen Sinn des Terminus nicht universal ist.

Dem entspricht auch folgendes. Einst fragte ein Minäer den Rabbi Abbahu, wann der Messias kommen werde, und dieser erwiderte ihm: Wenn Finsternis eure Leute umfangen wird.

Wer ist der Minäer? Ein Anhänger einer andersdenkenden jüdischen Sekte. Es ist nicht ausgeschlossen, daß er der Christ ist. Die Frage könnte in der Tat von einem Christen kommen. Ich ahne die Ironie: Weißt du, wann der Messias kommt? Bist du sicher, daß der Messias nicht schon gekommen ist?

Rabbi Abbahus Antwort ist tatsächlich erbarmungslos. »Wenn Finsternis eure Leute umfangen wird.«

Du fluchst mir also, entgegnete der Minäer. Oder, in heutigen Termini: dein Messianismus ist nicht universalistisch. Du bist der Mann der verschlossenen Moral, Bergson hatte recht, dich anzuklagen. Wer sagt, das Heil komme, wenn der Minäer in Finsternis sein wird, der beansprucht Ausschließlichkeit in Sachen des Heils.

Was wird Rabbi Abbahu antworten? Die Diskussion mit denen, die das Buch kennen, ist nicht schwierig. Sie müssen die Autorität der gemeinsam bewunderten Verse anerkennen. Der Dialog ist möglich.

Rabbi Abbahu erwiderte: Es ist ein Schriftvers (Jesaja 60, 2): *»Denn siehe, Finsternis bedeckt die Erde und Dunkel die Völker, doch über dir geht leuchtend der Herr auf, seine Herrlichkeit erscheint über dir.«*

Der Vers ist nicht universalistischer als die These, die er stützt. Freilich unter der Bedingung, daß man den folgenden Vers außer acht läßt: *»Und Könige und Völker wandern zu deinem Licht.«*

Der Messias wird kommen, wenn Finsternis diese Leute gänzlich bedeckt hat. Die Konjunktion *und* des biblichen Textes verwandelt sich in *wenn* und bezeichnet nicht eine einfache Gleichzeitgkeit zweier Ereignisse – der Finsternis, die auf den einen lastet, und des Lichts, das die andern umfängt –, sondern die Bedingtheit des einen durch das andere. Es bedarf dieser Finsternis, damit dieses Licht werde! Unterrichtet uns das nicht über die Qualität dieses Lichts? Zwar könnte man darin lediglich die Bosheit der Juden sehen, die inmitten des universalen Jammers grausam das Privileg ihres Siegs genießen. Aber der zitierte Vers Jesajas kann diesen Eindruck nur dann hinterlassen, wenn man ihn vom folgenden trennt, der »den Königen und Völkern«, das heißt der gesamten in das politische Werden verstrickten Menschheit das Licht verkündet. So daß ich den leisen Verdacht hege, daß Rabbi Abbahu gerade die Universalität der Ankunft des Messias beschreiben will, die nicht mit der Universalität, die man katholisch nennen könnte, zu verwechseln ist, nach der das politische Leben strebt und die Aristoteles formuliert. Die messianische Ordnung ist nicht universal wie ein Gesetz in einem modernen Staat, und sie resultiert nicht aus einer politischen Entwicklung.

Denn worin besteht der Weg einer politischen Ordnung zur Universalität? Darin, vielfältige Glaubensinhalte – eine Vielfalt kohärenter Reden – zu konfrontieren, um nach einer kohärenten Rede zu suchen, die sie alle umfaßt und die gerade die universale Ordnung ist. Eine kohärente Rede öffnet sich bereits dem Universalen, wenn derjenige, der sie hält und der bisher in seine Partikularität eingeschlossen blieb – selbst wenn seine Rede kohärent war –, sich um die innere Kohärenz anderer Reden außer der seinen kümmert, um seine eigene Partikularität zu überwinden.

Diese Situation läßt sich auch als der Beginn der Philosophie beschreiben. Aber es ist ja gerade das Schicksal der abendländischen Philosophie und ihrer Logik, eine politische Bedingung anzuerkennen, so daß der volle Ausdruck der Wahrheit mit der Konstituierung des universalen Staates (durch Kriege und Revolutionen) zusammenfällt. Die Zusammenstöße zwischen Menschen, die Opposition der einen gegen die anderen, die Opposition des einzelnen gegen sich selbst, lassen die Funken eines Lichts oder einer Vernunft aufsprühen, die die Antagonisten beherrscht und durchdringt. Die letzte Wahrheit entzündet sich an allen diesen Funken, so wie das Ende der Geschichte alle Geschichten umfaßt. Die beiden Ereignisse sind eins. Die Wahrheit jedes einzelnen erreicht ihren wahren Zustand in einer universalen Wahrheit, statt vor ihrem Glanz zu erbleichen.

Nehmen wir einen Augenblick an, das politische Leben erschiene nicht als eine dialektische Anpassung der Menschen aneinander, sondern als ein Teufelskreis von Gewalt und Unvernunft; nehmen wir einen Augenblick an, die moralischen Zwecke, deren Verwirklichung zu gewährleisten die Politik sich rühmt – die sie jedoch gemäß eben dieser Verwirklichung verändert und begrenzt –, diese Zwecke erschienen in der Unmoral versunken, die sie zu stützen behauptet; anders gesagt: nehmen wir an, wir hätten den Sinn für das Politische und das Bewußtsein seiner Größe verloren, der Un-Sinn oder der Un-Wert der Weltpolitik sei unsere erste Gewißheit, wir seien ein Volk außerhalb der Völker (und eben das heißt, schlicht gesagt, »Volk, das abseits wohnt« oder »Volk, das nicht zu den Völkern zählt«), nehmen wir an, wir seien ein der Diaspora fähiges Volk, fähig, außerhalb zu bleiben, allein und verlassen – dann hätten wir eine völlig andere Auffassung von Universalität. Sie wäre nicht mehr von der Konfrontation abhängig.

Das Licht wird kommen, wenn Finsternis »alle eure Leute« umfangen wird; wenn alle jene Unterweisungen schweigen, die uns zu trügerischen Konfrontationen aufrufen, wenn alle Blendwerke der Exteriorität erlöschen und sein werden, als gäbe es sie nicht. In dem Moment, da die politische Versuchung des Lichts »der anderen« überwunden ist, ist meine Verantwortung am unersetzlichsten. Das wahre Licht kann leuchten. Dann bestätigt sich die wahre Universalität – die nichtkatholische –, diejenige, die darin besteht, dem Universum zu dienen. Man nennt sie Messianismus.

Eine gefährliche Auffassung (jeder einzelne läuft Gefahr, seine Wahrheit zu fördern und sie kompromißlos zu bekräftigen), oder eine Auffassung, die, weit über einen so primitiven Subjektivismus hinaus, die Gefahren der Politisierung der Wahrheit und der Moral sieht? Nach dem Midrasch war der erste Mensch so groß wie das Universum. »Von der Erde bis zum Himmel« für die einen, von »Osten bis Westen« für die anderen. Groß wie die gesamte Strecke, die den Osten vom Westen trennt. Das ist der Mensch, den die Reden beschäftigen, die er neben sich vernimmt, und der seine Wahrheiten gemäß einem politischen Rhythmus universalisiert. Der jüdische Universalismus ist derjenige des in der ganzen Höhe, die den Himmel von der Erde trennt, aufgerichteten Menschen. Er bedeutet vor allem, daß Israel seine Moral nicht nach der Politik bemißt, daß seine Universalität der Messianismus selbst ist.

Zum Abschluß frage ich mich in aller Aufrichtigkeit, ob wir seit der Emanzipation des Messianismus überhaupt noch fähig sind. Können wir noch die Meinung vertreten, daß die Geschichte keinen Sinn hat, daß sich keine Vernunft in ihr manifestiert?

Das Judentum dachte dies sehr lange Zeit. Es dachte so im Mittelalter. Es hatte das Gefühl, in einer willkürlichen Welt zu leben, in der das politische Werden von keinerlei Vernunft bestimmt wird. Einige Texte der mittelalterlichen »Dezisoren« sind nicht anders zu erklären. Sogar im Talmud rühren die historischen Verwirrungen und die Anachronismen, welche die Rabbinen begehen, nicht von Unwissenheit her, sondern zeugen von der Ablehnung, die Ereignisse ernst zu nehmen, ihnen eine gültige Bedeutung beizumessen. Sie verlaufen wie ein Teufelskreis von Gewalttaten und Verbrechen.

Doch seit der Emanzipation können wir Vernunft und Geschichte nicht mehr so radikal voneinander trennen. Vielleicht, weil seit dem 18. Jahrhundert die Vernunft in die Geschichte eingedrungen ist. Wie dem auch sei, die Universalität der Konfrontation abzulehnen und dem politischen Leben eine Bedeutung und eine Wahrheitsquelle zu verweigern, wäre bei einem modernen Juden eine befremdliche Haltung. Er würde eher den Messianismus ablehnen, wenn er wüßte, daß er solch sonderbare Voraussetzungen hat, und sich die Anklage zu eigen machen, die die Feinde des Judentums gegen den angeblichen Egoismus oder Utopismus des messianischen Denkens Israels erheben. Die Emanzipation war etwas anderes als eine praktische und juristische Reform des Judentums und der Empfang, den ihr die Völker bereiteten. Diese Emanzipation war für das Judentum selbst eine Öffnung – nicht zur Menschheit, für die es sich schon immer verantwortlich fühlte –, sondern zu den politischen Formen dieser Menschheit, das Ernstnehmen ihrer Geschichte. Daher ist der Messianismus im starken Sinn des Wortes seit der Emanzipation im jüdischen Bewußtsein kompromittiert, das heißt, seit die Juden an der Weltgeschichte teilhaben. Wenn wir den Teil an Absurdität nicht zu spüren vermögen, den die Geschichte verwirklicht, ist ein Teil unserer messianischen Sensibilität verlorengegangen. Man kann nicht die prophetische Vision der Wahrheit für sich beanspruchen und ansonsten an den Werten der umgebenden Welt teilhaben, wie das seit der Emanzipation geschieht. Nichts ist heuchlerischer als der messianische Prophetismus des etablierten Bürgers.

Die messianische Sensibilität, die sich nicht trennen läßt vom Bewußtsein einer Auserwähltheit (das letztlich vielleicht die Subjektivität des Subjekts ist), wäre unwiederbringlich verloren – und das wird mein letztes Wort sein –, wenn die Lösung des Staates Israel nicht einen Versuch darstellte, die nunmehr irreversible Annahme der Weltgeschichte mit dem notwendig partikularistischen Messianismus zu vereinen. Dieser universalistische Partikularismus (der nicht das konkrete Universelle Hegels ist) findet sich im zionistischen Bestreben, verbunden mit einer

Anerkennung der Geschichte, einer Kollaboration mit der Geschichte. Einer Kollaboration, die mit einer Rückzugsbewegung beginnt, einem Heraustreten aus jener Geschichte, in der wir uns seit der Emanzipation als assimilierte Juden befinden. Im Bewahren dieses universalistischen Partikularismus innerhalb der Geschichte, in die sie sich nunmehr stellt, sehe ich die Bedeutung der israelischen Lösung für die Geschichte Israels. In den Gefahren, die sie birgt, in den Risiken, die sich mit ihr verknüpfen, wird die Heuchelei derer zunichte, die sich außerhalb der Geschichte wähnen und gleichzeitig Vorteil aus ihr ziehen. Die Außenwelt abzuurteilen, einer Realität, die sich nur auf ihre Realität selbst beruft, die Vernunft abzusprechen, um auf den ruhmvollen Titel des Vernünftigen Anspruch zu erheben, das ist nur dann erlaubt, wenn man der Geschichte in der Gefahr entgegentritt. Das war jahrhundertelang die Gefahr der Verfolgungen.

Das israelische Judentum hat die Gefahr mit seinem Leben im Staat Israel akzeptiert, und das, was der Staat Israel für die Gesamtheit der Judaizität ist, das sind seine Avantgardegruppierungen für den Staat selbst. Das ungewöhnliche Schicksal, Jude zu sein, zeigt sich auf unterschiedlichen Stufen, mit wachsenden Exponenten. Innerhalb des Staates in seinen in der Wüste verstreuten Körnchen, in den an den Grenzen verlorenen Kibbuzim, haben sich, gleichgültig gegen den Strudel der Welt, jedoch den menschlichen Werten dienend, Menschen niedergelassen, die diese Gleichgültigkeit durch ihr tägliches Leben voller Arbeit und Risiken äußern.

Der Fall Spinoza*

Der Bann, mit dem Spinoza von den religiösen Autoritäten seiner Zeit belegt wurde, und Ben Gurions Absicht, dieses Urteil aufzuheben, haben natürlich keinerlei Bedeutung für den Ruhm und den Einfluß Spinozas in der Welt. Posthume Gerechtigkeit? Die Spinozas sterben nicht. »Die Sieger richtet man nicht«, sagte Katharina die Große, womit sie die Gerechtigkeit dem Erfolg opferte. Man eilt dem Sieg auch nicht zu Hilfe.

Sollte es dann etwa darum gehen, die Ehre des jüdischen Volkes zu retten? Aber das jüdische Volk ist erwachsen genug, um sich ein Zerwürfnis, und sei es mit Spinoza, erlauben zu können. Man darf nicht in der Ängstlichkeit der jüdischen »Haskala« des 19. Jahrhunderts verharren, die ein wunderbares Vertrauen in die Zukunft des Judentums mit einem befremdlichen Mißtrauen gegenüber all seinen noch nicht vulgarisierten, von den Nichtjuden noch nicht anerkannten Werten verband. Ein wunder Punkt so vieler verehrenswerter Männer, die innerhalb von fünfzig Jahren den Staat Israel schufen! Von jedwedem nationalen »Minderwertigkeitskomplex« befreit, verbergen sie einen solchen im geistigen Bereich, wo allein die Lüsternheit auf das Moderne keine Zensur kennt. Anläßlich eines Abendessens, das in Paris für einen hohen Politiker Israels gegeben wurde, wollte der Gastgeber seinen Ehrengast die jiddische Übersetzung eines Talmud-Traktats bewundern lassen. Er erfuhr, daß Israel weder die Übersetzung noch das Original benötige. Ein Traktat über Bienenzucht hätte mehr Erfolg gehabt, wahrscheinlich aber auch der Theologisch-politische Traktat!

Die Verurteilung oder die Rehabilitierung Spinozas betrifft indes das jüdische Volk. Es geht um eine Frage, die seit der Emanzipation der Juden in der Welt einerseits und der Schaffung des Staates Israel andererseits wesentlich ist. Israeliten und Israelis bekennen sich als Abendländer. Was wollen sie vom Abendland bewahren?

Abendland bedeutet Freiheit des Geistes. Alle seine Tugenden

* Veröffentlicht in *Trait d'Union*, Nr. 34-35, Dezember 1955-Januar 1956.

und einige seiner Laster rühren daher. Freiheit des Geistes – das ist ganz genau die Sorge, ein inneres Band zur Wahrheit zu unterhalten: vor dem Wahren in den Hintergrund treten, sich dabei jedoch als Herr fühlen, wie der Mathematiker, der sich der Evidenz beugt, sich dabei aber einer äußeren Freiheit bewußt ist. Diese wunderbare Koinzidenz von Gehorsam und Befehl, Unterwerfung und Souveränität trägt einen abgegriffenen, aber schönen Namen: Vernunft. Der Vernunft bringt das Werk Spinozas die höchste und gewiß anerkannte Huldigung dar. Auf die Innerlichkeit der rationalen Beziehungen, auf ihre Äquivalenz mit den höchsten Formen des Lebens wirft die Ethik das Licht letzter Klarheit. Das Judentum wird sich nicht von ihr trennen können, so wie es den Mathematikern nicht den Rücken kehren, nicht gleichgültig werden kann gegen die Demokratie und die soziale Frage, so wie es den Kränkungen, die die Menschen und die Dinge dem Menschen zufügen, nicht den Vorzug geben kann vor dem Dialog, der Sanftmut und dem Frieden. Vielleicht wollte das gesamte Judentum, über sein Credo und seinen Ritualismus hinaus – mittels seines Glaubens und seiner Praktiken –, nichts anderes als das Ende der Mythologien, der Gewalt, die sie auf die Vernunft ausüben und in den Sitten verewigen. Der Rationalismus bedroht den jüdischen Glauben nicht. Was liegt an den theologischen Spitzfindigkeiten, wenn die Mythen ein Ende haben! Wie schön ist doch jener talmudische Text, der in der religiösen Untreue zwei Momente unterscheidet: die Preisgabe der Wahrheit und die Zuwendung zum Mythos. Die beiden Vergehen folgen vielleicht dicht aufeinander, werden jedoch nicht eins. Ein Ärgernis für fromme Seelen: die Juden, die nicht praktizieren und sich für gottlos halten, bleiben dennoch Juden. Wie lange noch? Die Frage stellt sich tatsächlich. Sie ist schwerwiegend. Die moralischen Vorbehalte, die sich im Laufe vieler Jahrhunderte der Selbstbeherrschung, der Leiden und des Lernens angehäuft haben, äußern sich noch immer in einer instinktiven Unterscheidung zwischen gerecht und ungerecht. Daher rührt eine bestimmte Wertehierarchie, die den einen natürlich erscheint, und eine bestimmte Geschichtsvision, die die anderen begeistert. Die Geschichte der Ideen ist heutzutage die Theologie ohne Gott, die die ungläubigen Seelen stark bewegt, der geheime Garten, in dem die grundlegenden Werte an ihrem Platz blühen. Auf diese Geschichte der Ideen übte Spinoza einen entscheidenden, antijüdischen Einfluß aus.

Es geht nicht um die Bibelkritik, die er ins Leben rief. Die Bibelkritik zerstört nur einen bereits erschütterten Glauben. Tritt die Wahrheit der ewigen Texte nicht stärker hervor, wenn man ihnen die äußere Gewähr einer dramatischen und theatralischen Offenbarung verweigert? Bezeugen sie nicht, für sich selbst studiert, den göttlichen Wert ihrer Inspiration, das rein geistige Wunder ihrer Vereinigung? Ein um so wunderbareres Wunder, als es sich um zahlreiche disparate Fragmente handelt. Ein um so wunderbareres Wunder, als der Rabbinismus hier eine übereinstimmende Lehre findet. Von der Lektüre dieser Texte kann sich eine Treue zum Judentum nähren: die Gewißheit, daß das Alte Testament die endgültigen Begriffe der Zivilisation liefert, daß ihre Formen sich entwickeln können, ohne daß die Arten, sie zu denken, erneuert werden müßten, daß alle Kategorien schon jetzt gegeben sind, daß das Alte Testament die Geschichte vollendet und infolgedessen modern ist, daß seine Wahrheiten keine neuen Offenbarungen mehr erfordern. In diesem Sinne zitierte Herman Cohen, als ein Christ ihn fragte, ob er sich nicht nach Jesus sehne, den Psalmisten: »Der Herr ist mein Hirte, nichts wird mir fehlen.«

Wir sind mit unserem wunderbaren verstorbenen Freund Jakob Gordin völlig einer Meinung: es gibt einen Verrat Spinozas. In der Geschichte der Ideen hat er die Wahrheit des Judentums der Offenbarung des Neuen Testaments untergeordnet. Zwar wird die Offenbarung durch die intellektuelle Liebe zu Gott übertroffen, aber das abendländische Sein enthält diese christliche Erfahrung, und sei es als Etappe.

Seitdem springt die unheilvolle Rolle ins Auge, die Spinoza beim Zerfall der jüdischen Intelligenzija gespielt hat, auch wenn das Christentum für seine Vertreter wie für Spinoza selbst nur eine vorletzte Wahrheit ist, auch wenn die Verehrung Gottes im Geist und in der Wahrheit das Christentum noch überwinden muß. Die Anerkennung der Evangelien als eine unvermeidliche

Etappe auf dem Weg der Wahrheit ist heute sogar noch wichtiger als das Glaubensbekenntnis. Ein Judentum, das Jesus präfiguriert – damit ließ der Spinozismus das irreligiöse Judentum eine Bewegung vollziehen, der es sich, als religiöser, siebzehn Jahrhunderte lang widersetzte. Wie vielen jüdischen Intellektuellen, die von jedem religiösen Glauben losgelöst sind, erscheint die Gestalt Jesus nicht als die Vollendung der Lehren der Propheten, auch wenn dieser Gestalt oder diesen Lehren in ihrem Geist die Helden der Französischen Revolution oder der Marxismus folgen. Einem Léon Brunschvicg, dessen Andenken wir verehren, einem Jankélévitch, den wir bewundern, ist das Neue Testament weit geläufiger als das Alte, und häufig wird dieses durch jenes erhellt.

Vielleicht droht nicht die Gefahr des Proselytismus in einer Gesellschaft, in der die Religionen ihre Ausstrahlung eingebüßt haben und zum Privaten gehören wie die ästhetischen Vorlieben und der kulinarische Geschmack. Obwohl das Christentum in Europa die Religion der Starken ist, die Unterwürfigkeit zum guten Ton gehört und die Zeiten vorbei sind, da, Reinach zufolge, die Konversion lediglich den Vorteil brachte, daß man in den Salons schlecht empfangen wurde. Dank dem von Spinoza geförderten Rationalismus triumphiert heimlich das Christentum. Konversionen ohne das Ärgernis der Abtrünnigkeit! Häufig hervorragende und geliebte Leute, wie jene Kämpfer, die Gideon für seinen Kampf verschmähte, glauben, Gewißheiten zu haben, die sie durch ihre Reaktionen dementieren. Die Denker, die kurz nach der Emanzipation ein Abendland ohne Christentum konzipierten, wie Salvador in Frankreich, blieben ohne Schüler. Das Werk von Franz Rosenzweig, dessen Huldigung an das Christentum darin besteht, ihm ein anderes Schicksal vorzuzeichnen als dasjenige, das das Judentum bis zum Ende erfüllt, bleibt unbekannt. Das innerste Denken der israelischen Intellektuellen des Abendlands ist in eine christliche Atmosphäre getaucht. Bedurfte es also des Verlustes des religiösen Gefühls in der Welt, damit Juden für den Sieg des Galiläers empfänglich sind? Wissen sie noch, daß unsere großen Bücher, von denen man immer weniger weiß, eine Synagoge offenbaren, die sich nicht blind fühlt? Daß Spinoza bei seinen jüdischen Studien vielleicht nur Lehrmeister ohne Format hatte?

Leider ist die Hebraistik heutzutage eine so seltene Wissenschaft, daß man nicht mehr meint, sie sei belanglos oder mittelmäßig.

Israel definiert sich nicht im Gegensatz zum Christentum, ebensowenig wie es sich durch den Antibuddhismus, den Antiislam oder den Antibrahmanismus definiert. Es besteht vielmehr darin, daß es das Einvernehmen mit allen Menschen will, die sich der Moral anschließen. Es will dieses Einvernehmen in erster Linie mit den Christen und den Moslems, unseren Nachbarn, unseren Zivilisationsgefährten. Aber die Grundlage der Zivilisation ist die Vernunft, die die griechischen Philosophen der Welt offenbarten. Wir sind fest davon überzeugt, daß der vom Rabbinismus verlängerte und interpretierte Mosaismus auf autonome und noch ruhmvollere Weise Israel dahin führte; wir sind fest davon überzeugt, daß das Christentum eine andere Inspiration hat; wir sind also fest davon überzeugt, daß wir noch eher bei Platon und Aristoteles einen unvermischten Rationalismus finden können als bei Spinoza. Alle diese inneren Überzeugungen würden wir für uns behalten, wenn sich nicht seit zweitausend Jahren die christlichen Theologen als Verwirklicher, Vervollkommner, Vollender des Judentums hinstellten, wie jene Kantianer, die in ihren Studien Kant vollenden, und jene Platoniker, die Platon verbessern. O, die Arbeiter der elften Stunde!

Unsere Sympathie für das Christentum ist ungeschmälert, aber sie bleibt freundschaftlich und brüderlich. Sie kann nicht väterlich werden. Wir können kein Kind anerkennen, das nicht das unsere ist. Gegen seine Ansprüche auf die Erbschaft, gegen seine Ungeduld als Erbe protestieren wir, lebhaft und gesund.

Der Prozeß währt seit zweitausend Jahren. Meint Ben Gurion, wenn er die Revison des Prozesses Spinozas vorschlägt, die große Gewißheit unserer Geschichte – wirksamer als die Missionare, die sich in Israel niederlassen – in Frage zu stellen, eine Gewißheit, die letztlich für Ben Gurion selbst eine zu liebende Nation und die Chance eines zu errichtenden Staates bewahrte?

Die Thora mehr lieben als Gott*

Unter den jüngsten Veröffentlichungen über das Judentum im Abendland finden sich zahlreiche schöne Texte. In Europa hat man leicht Talent. Die wahren Texte sind selten. Das Versiegen der hebräischen Studien seit hundert Jahren hat uns von den Quellen entfernt. Das Wissen, das noch produziert wird, beruht nicht auf einer intellektuellen Tradition. Es bleibt autodidaktisch, auch dann, wenn es nicht improvisiert ist. Und welches Verderbnis für einen Schriftsteller, nur von Menschen gelesen zu werden, die weniger gelehrt sind als man selbst! Ohne Zensoren und ohne Lob und Tadel verwechseln die Autoren diesen fehlenden Widerstand mit der Freiheit und diese Freiheit mit Genialität. Muß man sich dann wundern, daß Leser nicht daran glauben und im Judentum, dem noch einige Millionen Unbußfertige in der Welt anhängen, einen Haufen Spitzfindigkeiten ohne Interesse und Belang sehen?

Wir lasen soeben einen schönen und wahren Text, so wahr, wie allein die Fiktion es sein kann. In einer israelischen Zeitung von einem anonymen Autor veröffentlicht, übersetzt von Arnold Mandel unter dem Titel *Yossel, fils de Yossel Rakover de Tarnopol, parle à Dieu* für *La Terre retrouvée*, ein zionistisches Periodikum in Paris, scheint er mit Ergriffenheit gelesen worden zu sein.** Er verdient mehr. Er zeugt von einer intellektuellen Haltung, die mehr widerspiegelt als Lektüren von Intellektuellen, mehr als beispielsweise Simone Weil entlehnte Begriffe – dem letzten Schrei der religiösen Terminologie, wie in Paris jedermann weiß. Dieser Text bietet im Gegenteil eine schamhaft verborgene, jedoch zuverlässige jüdische Wissenschaft und verrät eine tiefe und authentische Erfahrung des geistigen Lebens.

Der Text gebärdet sich als Dokument, geschrieben während der letzten Stunden des Widerstands im Warschauer Getto. Der Erzähler will Zeuge aller Schrecken gewesen sein und unter

* Ansprache in der Sendung *Ecoute Israel* am 29. April 1955.

** Zvi Kolitz, *Jossel Rackower spricht zu Gott*. Unter Mithilfe von David Kahan aus dem Jiddischen übersetzt von Anna Maria Jokl. *Neue Deutsche Hefte* 22, 1956 (A.d.Ü.).

grauenhaften Umständen seine kleinen Kinder verloren haben. Als letzter Überlebender seiner Familie, für wenige Augenblicke noch, vermacht er uns seine letzten Gedanken. Eine literarische Fiktion zwar, jedoch eine Fiktion, in der sich jedes unserer Leben als Überlebende in einem schwindelerregenden Gefühl wiedererkennt.

Wir wollen das alles nicht nacherzählen, obwohl die Welt nichts begriffen und alles vergessen hat. Wir lehnen es ab, die Passion der Passionen zur Schau zu stellen und als Autor oder Regisseur irgendeinen falschen Ruhm aus diesen unmenschlichen Schreien zu ziehen. Sie tönen unauslöschlich durch die Ewigkeiten. Lauschen wir allein dem Gedanken, der sich in ihnen artikuliert.

Was bedeutet dieses Leid der Unschuldigen? Zeugt es nicht von einer Welt ohne Gott, von einer Erde, auf der allein der Mensch das Gute und das Böse mißt? Die einfachste, normalste Reaktion wäre, auf Atheismus zu erkennen. Auch die gesündeste Reaktion für alle diejenigen, denen ein etwas einfältiger Gott bisher Preise verteilte, Sanktionen auferlegte oder Fehler verzieh und in seiner Güte die Menschen wie ewige Kinder behandelte. Doch mit welch borniertem Dämon, welch merkwürdigem Zauberer habt ihr denn euren Himmel bevölkert, ihr, die ihr ihn heute für verödet erklärt? Und weshalb sucht ihr unter einem leeren Himmel noch eine vernünftige und gute Welt?

Die Gewißheit Gottes verspürt Jossel ben Jossel unter einem leeren Himmel mit neuer Kraft. Denn wenn er so allein existiert, dann deshalb, um auf seinen Schultern die ganze Verantwortung Gottes zu spüren. Es gibt auf dem Weg, der zu dem einen Gott führt, eine Station ohne Gott. Der wahre Monotheismus ist es sich schuldig, auf die legitimen Forderungen des Atheismus einzugehen. Ein Gott für Erwachsene manifestiert sich gerade durch die Leere des kindlichen Himmels. Es ist der Augenblick, da Gott sich von der Welt zurückzieht und sein Antlitz verhüllt (nach Jossel ben Jossel). Er hat »die Menschen ihren eigenen wilden Trieben überlassen«, heißt es in unserem Text. »So, denke ich, ist es ganz natürlich, daß, wenn die Triebe die Welt beherrschen, diejenigen die ersten Opfer sein mußten, in denen das Göttliche und Reine lebt.«

Gott, der sein Antlitz verhüllt, ist meines Erachtens weder eine theologische Abstraktion noch ein poetisches Bild. Es ist die Stunde, wo das gerechte Individuum keine äußere Zuflucht findet, wo keine Institution es beschützt, wo auch der Trost der göttlichen Gegenwart im kindlichen religiösen Gefühl versagt, wo das Individuum nur in seinem Bewußtsein, das heißt notwendig im Leiden siegen kann. Ein spezifisch jüdischer Sinn des Leidens, das in keinem Augenblick den Wert einer mystischen Buße für die Sünden der Welt gewinnt. Die Lage der Opfer in einer aus den Fugen geratenen Welt, das heißt in einer Welt, in der es dem Guten nicht zu siegen gelingt, ist Leiden. Es offenbart einen Gott, der, indem er auf jede hilfreiche Manifestation verzichtet, an die Reife des voll verantwortlichen Menschen appelliert.

Doch dieser Gott, der sein Antlitz verhüllt und den Gerechten seiner Gerechtigkeit ohne Sieg überläßt – dieser ferne Gott kommt alsbald von innen. Eine Intimität, die für das Bewußtsein zusammenfällt mit dem Stolz, Jude zu sein, konkret und historisch ganz einfach dem jüdischen Volk anzugehören. »Ein Jude zu sein, heißt: ein Kämpfer sein. Ein ewiger Schwimmer gegen den schmutzigen, verbrecherischen Menschenstrom (...). Ich bin glücklich, zum unglücklichsten aller Völker der Welt zu gehören, dessen Thora die höchste Moral und das schönste aller Gesetze vertritt.« Die Intimität des mannhaften Gottes erwirbt man in einer extremen Prüfung. Durch meine Zugehörigkeit zum jüdischen Volk, das leidet, wird der ferne Gott zu *meinem Gott*: »Weil ich jetzt weiß, daß Du mein Gott bist, weil Du nicht der Gott derjenigen sein kannst, deren Taten das schreckliche Ergebnis ihrer kämpferischen Gottlosigkeit sind.« Das Leiden des Gerechten für eine Gerechtigkeit ohne Sieg wird konkret als Judentum erlebt. Israel – historisch und fleischlich – wird wieder eine religiöse Kategorie.

Ist ein Gott möglich, der sein Antlitz verhüllt und als gegenwärtig und innerlich erkannt wird? Handelt es sich um eine metaphysische Konstruktion, um einen paradoxen *Salto mortale* nach Kierkegaards Geschmack? Wir meinen, daß sich darin im Gegenteil die besondere Physiognomie des Judentums äußert: das Verhältnis zwischen Gott und dem Menschen ist keine sentimentale Kommunion in der Liebe eines inkarnierten Gottes, sondern eine Beziehung zwischen Geistern vermittels einer

Belehrung, der Thora. Es ist gerade ein nichtinkarniertes Wort Gottes, das von einem lebendigen Gott unter uns zeugt. Das Vertrauen in einen Gott, der sich durch keine irdische Autorität kundtut, kann nur auf der inneren Evidenz und dem Wert einer Belehrung beruhen. Es hat, das sei zur Ehre des Judentums gesagt, nichts Blindes. Daher jener Satz von Jossel ben Jossel – Höhepunkt des langen Monologs, in dem der ganze Talmud widerhallt: »Ich habe ihn lieb, aber seine Thora habe ich noch lieber. Und selbst hätte ich mich in ihm getäuscht – seine Thora würde ich weiterhüten.« Ist das Gotteslästerung? Zumindest Schutz vor dem Wahn eines unmittelbaren Kontakts mit dem Heiligen ohne vermittelnde Gründe. Vor allem aber Vertrauen, das nicht auf dem Sieg irgendeiner Institution beruht, innere Evidenz der Moral, welche die Thora bringt. Eine schwierige Gratwanderung, bereits im Geist und in der Wahrheit, die nichts mehr zu präfigurieren hat. Simone Weil, Sie haben nie etwas von der Thora begriffen! »Unserm Gott wird zwar auch die Rache zugesprochen«, sagt Jossel ben Jossel, »und unsere Thora ist voll von Todesdrohungen für die kleinste Sünde, und dennoch genügte ein einziges Todesurteil, ausgesprochen alle 70 Jahre einmal vom Synedrion, dem höchsten Gericht unseres Volkes im eigenen Land, daß das Volk die Richter Mörder nannte. Während der Gott der anderen Völker zwar gebot: sein Ebenbild zu lieben – und doch in seinem Namen unser Blut vergossen wird, tagein, tagaus, seit 2000 Jahren schon.«

Die wahre Menschlichkeit des Menschen und seine mannhafte Sanftmut ziehen mit den strengen Worten eines anspruchsvollen Gottes in die Welt ein; das Geistige vermittelt sich nicht als sinnlich wahrnehmbare Substanz, sondern durch Abwesenheit; Gott ist konkret nicht durch die Inkarnation, sondern durch das Gesetz; und Seine Größe ist nicht der Hauch seines heiligen Geheimnisses. Seine Größe verursacht nicht Furcht und Zittern, sondern erfüllt uns mit überaus hohen Gedanken. Sich das Antlitz verhüllen, um vom Menschen – übermenschlich – alles zu fordern, einen Menschen geschaffen zu haben, der fähig ist zu antworten, fähig, sich seinem Gott als Gläubiger zu nahen und nicht immer als Schuldner – welch wahrhaft göttliche Größe! Der Gläubiger hat letztlich zwar *par excellence* Vertrauen, aber er ist auch derjenige, der sich nicht mit den Rückzügen des

Schuldners abfindet. Unser Monolog beginnt und endet mit dieser Ablehnung der Resignation. Des Vertrauens in einen abwesenden Gott fähig, ist der Mensch auch der Erwachsene, der seine eigene Schwäche ermißt: die heroische Situation, in der er sich befindet, macht die Welt gültig, bringt sie jedoch auch in Gefahr. Durch einen aus der Thora hervorgegangenen Glauben gereift, wirft er Gott seine maßlose Größe und seine übertriebenen Forderungen vor. Er wird ihn lieben – trotz allem, was Gott versucht haben wird, um seine Liebe zu entmutigen. Aber: »Du sollst den Strick nicht allzusehr anspannen«, ruft Jossel ben Jossel. Das religiöse Leben kann sich in dieser heroischen Situation nicht vollenden. Gott muß sein Antlitz entschleiern, Gerechtigkeit und Macht müssen zusammenfinden, es bedarf gerechter Institutionen auf dieser Erde. Aber nur der Mensch, der den verschleierten Gott erkannt hat, kann diese Entschleierung fordern. In welch kraftvoller Dialektik stellt sich zwischen Gott und dem Menschen gerade in ihrem Mißverhältnis Gleichheit her.

Damit sind wir von der warmen und gleichsam sinnlichen Kommunion mit dem Göttlichen ebensoweit entfernt wie vom verzweifelten Hochmut des atheistischen Menschen. Ein integraler und nüchterner Humanismus in Verbindung mit einer schwierigen Verehrung! Und umgekehrt eine Verehrung, die mit dem Hochgefühl des Menschen zusammenfällt. Ein persönlicher Gott, ein einziger Gott – so etwas zeigt sich nicht wie ein Bild in der Dunkelkammer! Der Text, den wir hier kommentiert haben, macht deutlich, auf welche Weise die Ethik und die Ordnung der Prinzipien ein persönliches Verhältnis einführen, das diesen Namen verdient. Die Thora noch mehr lieben als Gott, eben das bedeutet, zu einem persönlichen Gott zu gelangen, gegen den man sich empören kann, das heißt für den man sterben kann.

Zum Struthof-Prozeß*

Der Struthof-Prozeß hat mit acht Jahren Verspätung stattgefunden. Dennoch ist es richtig, daß unter dem fröhlichen oder geschäftigen Lärmen der Straße, im Murmeln der linden Nachtwinde oder im Liebesgeflüster die Menschen des Jahres 1954 von neuem die indiskreten Schreie gequälter Menschen vernommen haben. Ein kleiner Pole schreit: »Mama!« Das Vergessen ist das Gesetz, das Glück und die Voraussetzung des Lebens. Aber hier hat das Leben unrecht.

Daß dies alles geschehen konnte, läßt sich nicht allein mit der Bestialität der Menschen erklären. Die Bestialität ist ohne ihr Wissen durch das Maß des Instinkts begrenzt. Die Natur ist Gesetz, ohne es zu wissen. Das Entsetzen, das uns bei der Lektüre der Protokolle von Metz von neuem ergriff, wurde in unseren intellektuellen Paradoxa erzeugt, in unserer Langeweile der Vorkriegszeit, in unserer kleinmütigen Enttäuschung angesichts der Monotonie der Welt ohne Gewalt, in unseren Wißbegierden à la Nietzsche, in unserer blasierten Miene gegenüber den »Abstraktionen« von Montesquieu, Voltaire, Diderot. Die Begeisterung für das Opfer um des Opfers willen, der Glaube um des Glaubens willen, die Energie um der Energie willen, die Treue um der Treue willen, der Eifer um der Hitze willen, die er erzeugt, der Appell an die zweckfreie, das heißt heroische Tat: hier haben wir den permanenten Ursprung des Hitlerismus.

Die Romantik der Treue um ihrer selbst willen, der Selbstverleugnung um ihrer selbst willen band diese Menschen, die – in diesem Fall wahrhaftig – nicht wußten, was sie taten, an den erstbesten für das erstbeste Geschäft. Die Vernunft besteht ja gerade darin, zu wissen, was man tut, einen Inhalt zu denken. Das Prinzip der Militärgesellschaft, in der Disziplin das Denken ersetzt, in der unser Bewußtsein außerhalb von uns ist, sich jedoch in einer normalen Ordnung einem politischen, das heißt universalen Denken unterordnet und daraus seine Daseinsberechtigung und seinen Adel bezieht, regierte – im allgemeinen

* Brief an *Le Monde* vom 17. Juli 1954.

Mißtrauen gegenüber dem angeblich ineffizienten und hilflosen vernünftigen Denken – allein die Welt.

Danach konnte es alles mit dem Menschen machen. Der Struthof-Prozeß erinnert uns, gegen die allzu hochmütigen Metaphysiken, daran, daß die Freiheit des Menschen dem physischen Leiden und der Mystik erliegt. Unter der Bedingung, daß er seinen Tod akzeptierte, konnte früher jeder Mensch von sich behaupten, er sei frei. Und nun sehen wir, daß physische Folter, Hunger und Kälte oder die Disziplin, alle stärker als der Tod, diese Freiheit zerbrechen. Selbst in ihre letzten Schlupfwinkel, dort, wo sie sich über ihre Handlungsunfähigkeit hinwegtröstet, über ihre Unfähigkeit, freies Denken zu bleiben, dringt der fremde Wille in sie ein und unterjocht sie. Die menschliche Freiheit reduziert sich damit auf die Möglichkeit, die Gefahr des eigenen Verfalls vorherzusehen und sich gegen ihn zu wappnen. Gesetze zu erlassen, vernünftige Institutionen zu schaffen, die ihm die Prüfungen der Abdankung ersparen – dies ist die einzige Chance des Menschen. An die Stelle der Romantik des Heldentums, an die Stelle der Reinheit sich selbst genügender Seelenzustände muß man erneut das Nachdenken über die Ideen setzen, das Republiken ermöglicht. Sie gehen zugrunde, wenn man nicht mehr für eine Sache, sondern für eine Person kämpft.

Das jüdische Denken heute*

Worauf bezieht sich das jüdische Denken? Zweifellos auf alle möglichen Dinge, die wir hier nicht aufzählen wollen. Aber seine grundlegende Botschaft besteht darin, den Sinn jeder Erfahrung auf die ethische Beziehung zwischen den Menschen zurückzuführen – an die persönliche Verantwortung des Menschen zu appellieren, in der er sich auserwählt und unersetzlich fühlt, um eine menschliche Gesellschaft zu verwirklichen, in der die Menschen als Menschen miteinander umgehen. Diese Verwirklichung der gerechten Gesellschaft ist *ipso facto* die Erhebung des Menschen zur Gemeinschaft mit Gott. Diese Gemeinschaft ist die menschliche Glückseligkeit schlechthin und der Sinn des Lebens. So daß die Aussage, der Sinn des Realen werde in bezug auf die Ethik begriffen, der Aussage gleichkommt, daß das Universum heilig ist. Heilig aber ist es in ethischem Sinne. Die Ethik ist eine Sicht des Göttlichen. Das Göttliche kann sich nur über den Mitmenschen manifestieren. Für den Juden ist die Inkarnation weder möglich noch notwendig. Letztlich stammt die Formulierung von Jeremia: »Dem Schwachen und Armen verhalf er zum Recht. Heißt das nicht, mich wirklich erkennen? – Spruch des Herrn« (22, 16).

Das Christentum, das aus dem Judentum hervorgegangen ist, entfernt sich in den Augen der Juden von diesen Sätzen in eine Richtung, wo sich die Kraft dieser Sätze zwar zu intensivieren scheint, wo das Judentum jedoch ihre Verfälschung voraussah. Daher eine schmerzhafte Geschichte voll von Ungerechtigkeiten und Mißverständnissen, Gewalttätigkeiten und Rachegefühlen. Wir wollen hier keine Grundsatzdebatte eröffnen, die viele Jahrhunderte nicht beizulegen vermochten. Doch wenn wir bestimmte Positionen des modernen Judentums benennen, haben wir Gelegenheit, seine derzeitige Haltung zum Christentum zu verdeutlichen.

Drei große Ereignisse, deren Schatten sich bereits über Europa legten, noch bevor sie eintraten, bilden heute für das jüdische Denken die Ausgangsdaten der neuen Situation:

* Erschienen in der Zeitschrift *Arche* im Jahre 1961.

1. Die einzigartige Erfahrung des Wiederauflebens des Antisemitismus, das mit der wissenschaftlichen Ausrottung eines Drittels des Judentums durch den Nationalsozialismus endete.

2. Die zionistischen Bestrebungen, die zur Schaffung des Staates Israel führten.

3. Die Tatsache, daß die unterentwickelten afrikanischen und asiatischen Massen die Bühne der Geschichte betraten, denen die Heilige Geschichte, aus der die jüdisch-christliche Welt hervorging, fremd ist.

Diese drei Ereignisse haben dem jüdischen Denken eine neue Physiognomie gegeben und Tendenzen hervorgerufen, die ich objektiv darzulegen versuchen will. Jedes Ereignis hat – was die Position des Judentums gegenüber dem Christentum betrifft – widersprüchliche Bewegungen der Entfernung und der Annäherung veranlaßt.

1.

Zuvor aber wollen wir auf die Position des jüdischen Denkens hinweisen, wie sie aus der Emanzipation des 18. Jahrhunderts hervorgegangen ist. Sie bestand schon vor den genannten großen Ereignissen und ist auch heute noch lange nicht überholt. In dieser Position, in der sich noch viele Westjuden befinden, ist das Judentum eine Religion neben dem Christentum, ein Kultus, an dem sich das übernatürliche Schicksal der menschlichen Seele entscheidet. Das Einvernehmen mit den anderen Menschen wird auf der Ebene des Staats und der Nation als Brüderlichkeit unter Staatsbürgern erzielt. Die Beziehung zu den anderen Kulturen ist durch Achtung und Toleranz gekennzeichnet, hat jedoch nichts Dramatisches mehr an sich, nichts, was an die Zerrissenheit einer Seele erinnert, die ihre Wahrheit lebt angesichts der Tatsache, daß andere Wahrheiten in der Welt bekundet werden. Wie Familienerinnerungen gehört die Religion zur Privatsphäre. Eine Auffassung, die in einer harmonischen Welt möglich ist, aber auch in der neuen Situation nicht ganz verlorengehen wird! Diese zwischenmenschliche Brüderlichkeit außerhalb des Religiösen sowie diese Achtung vor dem anderen Kultus, weil es der Kultus unserer Mitbürger ist, werden die Basis jedes künftigen Verhältnisses zum Christentum bleiben, eines Verhältnisses, aus dem die Verachtung und die Gleichgültigkeit, ja sogar der Groll verbannt sein werden. Viele Juden meinen weiterhin, daß die ästhetischen und politischen rationalen Werte des griechisch-römischen Humanismus die wahre Grundlage des jüdisch-christlichen Einvernehmens wie überhaupt jedes Einvernehmens unter den Religionen sind.

2.

Der Antisemitismus des 20. Jahrhunderts, der in der Ausrottung von sechs Millionen europäischer Juden gipfelte, bedeutete für die Juden die Krise einer Welt, die das Christentum zwanzig Jahrhunderte lang geformt hatte. Das Denken von Jules Isaak geht in dieser Richtung sehr weit. Aber daß die Ungeheuerlichkeit des Hitlerismus in einem evangelisierten Europa stattfinden konnte, erschütterte im jüdischen Geist alles, was die christliche Metaphysik für einen Juden, der an eine lange Nachbarschaft mit dem Christentum gewöhnt war, an Schlüssigem aufweisen mochte: *der Primat des übernatürlichen Heils in bezug auf die irdische Gerechtigkeit*. Hat dieser Primat nicht all diese Unordnung auf der Erde und diese extreme Grenze menschlicher Vereinsamung zumindest ermöglicht? Das berühmte Unverständnis gegenüber dem übernatürlichen Heil der angeblich fleischlichen Juden, dessen sich bisweilen sogar assimilierte Juden zu bezichtigen begannen – sowohl das Denken Bergsons als auch die heftige Leidenschaft Simone Weils rühren von dieser Selbstbezichtigung her –, dieses berühmte Unverständnis erschien plötzlich nicht als Starrköpfigkeit, sondern als äußerste Hellsicht, und die Juden begannen zu glauben, ihr steifer Nacken sei der metaphysischste Teil ihrer Anatomie.

So kam es im westlichen Judentum, schon vor den beiden Weltkriegen, vor allem aber kurz nach der Befreiung, zu einer Sehnsucht nach den eigenen Quellen, einer Rückkehr zur rabbinischen Literatur als authentischem Zugang zur Bibel. In Frankreich nährte die Dichtung eines Edmond Fleg, die von diesen Quellen inspiriert war, eine ganze Generation, die den Zugang zum Hebräischen und Aramäischen verloren hatte. Aber das Wiederaufleben der hebräischen Studien selbst, das sich nicht allein dem Prestige verdankt, das die Existenz des Staates Israel auf die jüdische Intelligenzija ausübt, ist die bemerkenswerteste Tatsache des jüdischen Lebens.

Diese Studien zielen auf eine Rückkehr zu den rabbinischen Texten, weil sie die Bibel, das Gesetz und die Propheten in ihrem wahren Licht erscheinen lassen. Das Alte Testament präfiguriert nicht das Neue: es erhält seine Deutung vom Talmud. So dachte das Judentum schon immer. Neu ist, daß in Westeuropa Talmudschulen auftauchten, wie sie in Osteuropa üblich waren. Sie zählen Schüler, die aus dem Westjudentum kommen, demjenigen, das endgültig assimiliert, irreligiös oder von der Konversion verlockt zu sein schien. Neu ist die Schaffung von Lehrhäusern sowie Jugend- und Erwachsenenbewegungen, die in den überlieferten Texten der rabbinischen Literatur eine Antwort auf Fragen suchen, die sich einem Abendländer mit moderner Ausbildung stellen. Das Neue am jüdischen Denken ist diese abendländische Aufwertung des Talmud, der nicht mehr archäologisch oder historisch, sondern als Lehre behandelt wird.

Daß Texte, die das Gesetz der strengen Gerechtigkeit entwikkeln – diese von den Künstlern und Mystikern so verschriene langweilige Ethik –, daß derartige Texte uns zu den geheimen Widersprüchen und zum innersten Atem der menschlichen Seele führen können, daß die Entfaltung dieser Ethik uns die Schritte und die Stimme des Herrn vernehmen lassen, seine engste Nähe, väterlich und lächelnd, jedoch ohne Überschwang, in der subtilen Trunkenheit der gemeinsamen Hellsicht, daß die konkreteste, modernste, kühnste und einfachste Sorge um soziale und ökonomische Gerechtigkeit uns durchbohrt wie das Wort dieses Gottes selbst, der so vertraut, so freundschaftlich, so quälend und so anspruchsvoll ist – genau das ist das unglaubliche Abenteuer, die einzigartige, kaum mitteilbare Erregung des Talmudschülers, die der Westjude wiederfindet und die ihm so manche armseligen Essays über den Juden und seinen Gott lächerlich erscheinen läßt.

Andere gehen nicht so weit. Aber die Erinnerung an die Passion, die das Judentum zwischen 1940 und 1945 erlitten hat, brachte vielen Menschen ihr außergewöhnliches Schicksal wieder zu Bewußtsein, Menschen, die noch vor dreißig Jahren ihre ganze Existenz in die so klar definierten westlichen Kategorien der Nation, des Staats, der Kunst, der gesellschaftlichen Klasse und des Bekenntnisses (eventuell, aber sehr selten der Religion) einzubetten schienen – und zwar ohne daß die Struktur ihres Denkens sich verändert, ihre Verbundenheit mit dem Westen nachgelassen oder die Kenntnis der jüdischen Quellen sich vermehrt hätte, ohne daß sich die Zugehörigkeit zur Synagoge manifestiert hätte. Eine neue Erfahrung, die zweifellos berufen ist, sich in Gedanken und in Werken niederzuschlagen und das künftige Schicksal des jüdischen Denkens zu prägen, die aber, auch wenn sie sich bislang negativ ausdrückt, nichtsdestoweniger metaphysisch, unbestreitbar und unmittelbar ist.

Wie es kürzlich Jankélévitch sagte: »Gemeinsam ist uns nur, daß wir alle hier Überlebende sind. Alles, was uns am meisten eint, das Wesentlichste, ist, wie Sie zugeben werden, die Tatsache, daß wir leben. Durch Zufall sind wir hier ... jeder von uns ist einzeln hier ... wir wissen nicht, wie! ... Wegen einer Zerstreutheit der Gestapo ... Wir wissen nicht, was passiert ist, aber wir sind zurückgekehrt ... wir sind aufgetaucht ... Man hat uns vergessen. Wir sind durchgekommen, wir sind nach der letzten Razzia eingetroffen. Es hat in unseren Leben furchtbare Tragödien gegeben, die uns für immer prägten und die uns von den anderen unterscheiden ...«

Aber diese Passion, die das Judentum im christlichen Europa durchlitten hat, bedeutet ebenso unbestreitbar auch eine Annäherung an die Christen. Während dieses Zusammenbruchs Europas traten die Juden mit den christlichen Individuen und den christlichen Gruppen in Beziehung, die als Brüder zu ihnen sprachen. Hinter dem christlichen Dogma und der christlichen Sicht der Geschichte entdeckten die Juden den Mut und die Barmherzigkeit von Personen. Während der ganzen Naziherrschaft bedeutete inmitten einer Welt von Braunhemden die schwarze Soutane eine Zuflucht und eine menschliche Aufnahme. Der großartige Klerus des weltlichen Landes, in dem wir leben, hat sich unvergeßliche Ansprüche auf unsere Dankbarkeit erworben. Diese Erfahrung war so stark, daß sie ihrerseits das jüdische Bewußtsein prägte. Daher eine Annäherung an die christlichen Menschen und Gruppen, trotz der Krise einer Zivilisation, die es nicht verstanden hatte, die sichtbare Welt der Institutionen mit Menschlichkeit zu durchdringen. Das traditionelle jüdische Denken liefert im übrigen den Rahmen für die Idee einer universalen menschlichen Gesellschaft, die die Gerechten aller Nationen und aller Glaubensbekenntnisse umfaßt – mit denen die höchste Intimität möglich ist –, diejenige, die der Talmud formuliert, indem er allen Gerechten die Teilnahme an der künftigen Welt verspricht. Und die Thesen von Maimonides über die missionarische Rolle des Christentums im Dienst des Monotheimus in der Welt haben im Laufe jener schrecklichen Jahre eine vielleicht weniger optimistische, aber unmittelbarere Bedeutung erhalten. Doch schon vor dem Nationalsozialismus, während zwischen den beiden Weltkriegen die Gefahren heraufzogen, stellt der Philosoph Franz Rosenzweig, der 1929 starb, jedoch einen wachsenden Einfluß im zeitgenössischen Denken der Juden ausübt, Judentum und Christentum auf die gemeinsame Stufe einer religiösen Wahrheit, die sicher nicht pluralistisch, sondern dualistisch ist. Die Wahrheit – an sich – würde eine doppelte Manifestation in der Welt erfordern, die des ewigen Volks und die der Mission auf dem ewigen Weg. Die Wahrheit erprobt sich folglich in einem jüdisch-christlichen Dialog. Er führt zu keinem endgültigen Ergebnis, sondern bildet gleichsam das Leben der Wahrheit selbst. Der Dialog lebt gerade von seiner Öffnung, von der Gegenwart des Gesprächspartners. Wir sind weit entfernt von den mittelalterlichen Streitgesprächen, die zu Schlüssen kamen. Trotz der Unmöglichkeit, zu Schlüssen zu kommen, ist es so immerhin viel besser! Vielleicht muß man in diese Perspektive des brüderlichen Dialogs, jedoch im Bewußtsein der möglichen kompromißlosen Unterschiede das brillante Denken von André Neher rücken, dessen Sprache allein schon ein pathetisches Echo des dramatischen christlichen Denkens zu sein scheint. Der ehrwürdige Martin Buber ist auf dem Weg des Dialogs noch weiter vorgedrungen, indem er von den mystischen Elementen des jüdischen Chassidismus ausging. Auch Robert Aron repräsentiert diese Tendenz. Aber es ist nur eine Tendenz.

3.

Der Zionismus und die Schaffung des Staates Israel bedeuten für das jüdische Denken eine Rückbesinnung in allen Bedeutungen des Wortes sowie das Ende einer Jahrtausende alten Entfremdung.

Der Rationalismus und die historischen Methoden der israelischen Gelehrten, der Kult der Natur und der Erde, der wissenschaftliche Sozialismus seiner Gründer – lauter neue Themen in der Reflexion und Literatur Israels. Das Volk des Buchs bemüht sich, ein Volk der Erde zu werden. Aber die religiöse Essenz Israels und seines Denkens verbirgt sich nur schlecht hinter dieser Ablehnung Gottes. Der Staat Israel ist zu einem Ort geworden, wo der Mensch sich opfert, sich seiner jüngsten Vergangenheit zugunsten einer antiken und prophetischen Vergangenheit entreißt, nach seiner Authentizität sucht. Um an diese prophetische Vergangenheit anzuknüpfen, vollbrachte der Dichter André Chouraki seinen »Aufstieg nach Israel«. Und eine ganze Generation von Intellektuellen, von denen ich oben sprach und die der Nationalsozialismus entwurzelt hat, betrachtet die Straße nach Israel als einen Aufstieg. Während man jahrhundertelang die Nichtteilnahme der geistigen Persönlichkeit Israels an der Weltgeschichte mit seiner Lage als verfolgte Minderheit entschuldigte – nicht alle Welt hat das Glück, reine Hände zu haben, weil sie verfolgt wird –, ist der Staat Israel die erste Gelegenheit, dadurch in die Geschichte einzugreifen, daß er eine gerechte Welt verwirklicht. Er ist also eine Suche nach dem Absoluten und eine Reinheit. Die Opfer und die Werke, zu denen die Verwirklichung der Gerechtigkeit die Menschen auffordert, verleihen dem Geist, der die Propheten und den Talmud beseelte, wieder einen Körper. Die sozialistischen Träume der Gründer Israels kümmern sich nicht um Weltverhältnisse. Sozialismus in einem Land? Die kollektivistische Gemeinschaft des Kibbutz wagt den Sozialismus in einem Dorf. »Die vier Ellen des Gesetzes«, in die Gott sich den Gelehrten des Talmuds zufolge geflüchtet hat, werden zu den vier Hektar des kollektiven Gehöfts. Man darf den universalen Sinn nicht aus den Augen verlieren, den dieses Werk in den Augen der Israeli selbst gewinnt, die für die Menschheit zu arbeiten meinen.

Der jüdische Universalismus äußerte sich schon immer im Partikularismus. Aber zum erstenmal in seiner Geschichte mißt das israelische Judentum seine Aufgabe nur an seinen eigenen Lehren, die in gewisser Weise befreit sind von der Obsession der westlichen und christlichen Welt – auf die es brüderlich zugeht, jedoch ohne Zaghaftigkeit und ohne Minderwertigkeitskomplex.

4.

Doch wird es weiter auf diese Welt zugehen, als man meint. Bedroht der Aufstieg der zahllosen Massen unterentwickelter asiatischer Völker nicht diese wiedergefundene Authentizität? Es betreten Völker und Zivilisationen die Weltbühne, die sich nicht mehr auf unsere Heilige Geschichte beziehen und denen Abraham, Isaak und Jakob nichts mehr bedeuten. Es erhebt sich, wie zu Beginn des Exodus, ein neuer König, der Josef nicht mehr kennt.

Ich will diesen Aufstieg in keiner Weise des Materialismus bezichtigen, weil wir darin den Aufschrei einer betrogenen Menschheit vernehmen und weil man sicher recht hat, seinen eigenen Hunger als materialistisch anzuprangern, niemals aber den Hunger der anderen. Doch unter den gierigen Augen dieser unzähligen Menschenmengen, die hoffen und leben wollen, werden wir anderen, Juden wie Christen, an den Rand der Geschichte gedrängt, und bald wird sich niemand mehr die Mühe machen, einen Katholiken von einem Protestanten und einen Juden von einem Christen zu unterscheiden, Sekten, die sich gegenseitig zerfleischen, weil sie sich über die Interpretation einiger obskurer Bücher nicht verständigen können, eine religiöse Gemeinschaft, die in einer nun um andere Rahmen strukturierten Welt den politischen Zusammenhalt verloren hat.

Vielleicht verbindet uns mit dieser riesigen Welt, die sich erhebt, noch der Marxismus gleich einem unmittelbaren und einzigartigen Band – ein Marxismus, in dem wir einen Teil des jüdisch-christlichen Erbes erkennen. Aber werden sich diese marxistischen Infiltrationen nicht selbst in der Dichte dieser fremden Zivilisationen und dieser undurchdringlichen Vergangenheiten verlieren? Sich unter solchen Blicken zu bewegen, heißt das nicht für die Juden und die Christen eine vergessene Verwandtschaft wiederzufinden? Man darf nicht bei irgendeinem Synkretismus oder bei irgendwelchen gemeinsamen Abstraktionen enden. Schon entsteht ein neues Gefühl der Brüderlichkeit in der Vorahnung der Opfer, die uns erwarten, Kindheitserinnerungen tauchen aus der Tiefe der Zeiten empor. Und werden die aktuellen Sorgen des christlichen Ökumenismus nicht über die ersten Schritte hinausführen? Diesmal wird der Dialog über die Ebene der griechisch-römischen Ideen hinausgehen, die Juden und Christen in den Nationen, in denen sie bisher lebten, gemeinsam waren.

5.

Gibt es eine Erneuerung im jüdischen Denken? Ich glaube, daß sich in dem kurzen Inventar, das ich soeben aufgestellt habe, die großen traditionellen Themen dieses Denkens wiederfinden. Ist das authentische Denken nicht eine ständige Erneuerung, ein Aufmerken auf die Jugend der Welt und zugleich eine Treue zu ihrem ersten Licht – ist eine Erneuerung des Denkens nicht ein Pleonasmus und zugleich ein Widerspruch in sich? Das Bewußtsein seiner Fortdauer, seiner Aktualität, des noch nicht ausgeschöpften Charakters seiner Botschaft ist vielleicht das stärkste Merkmal des jüdischen Denkens im Jahre 1961.

Beim Anbruch der neuen Welt hat das Judentum das Bewußtsein, aufgrund seiner Fortdauer eine Funktion der allgemeinen Ökonomie des Seins zu haben, wo niemand es zu ersetzen vermag. Es muß in der Welt jemanden geben, der so alt ist wie die Welt. Für das Judentum waren die großen Völkerwanderungen, die Wanderung unter den Völkern und die Erschütterungen der Geschichte niemals eine tödliche Gefahr. Es kam dabei immer wieder auf seine Kosten. Es hat eine schmerzliche Erfahrung des Überlebens, seine Fortdauer gewöhnte es daran, die Geschichte zu beurteilen und das Verdikt einer Geschichte abzulehnen, die sich zum Richter aufwarf. Vielleicht besteht das jüdische Denken in seiner Gesamtheit heute darin, sich fester denn je an diese Fortdauer und diese Ewigkeit zu halten. Das Judentum ist durch die Geschichte hindurchgegangen, ohne für sie Partei zu ergreifen. Es hat die Macht, allein gegen alle den Sieg der sichtbaren und organisierten Kräfte zu beurteilen, notfalls, um ihn abzulehnen, mit erhobenem oder gesenktem Haupt, aber unbeugsam. Diese Unerschrockenheit und diese Geduld, die seit Ewigkeit dauern, sind für die Menschheit von morgen oder übermorgen vielleicht dringender, als sie es gestern oder vorgestern waren.

Monotheismus und Sprache*

Das lange historische Zusammenwirken zwischen Juden, Christen und Moslems, ihre geographische Nachbarschaft rings um das Mittelmeer, ihre gegenseitige Durchdringung allenthalten in unserer homogen strukturierten Welt, in dieser realen Welt, die sich um Anachronismen nicht schert, schafft, ob man es will oder nicht, eine faktische Gemeinschaft zwischen Juden, Moslems und Christen, auch wenn ernste Mißverständnisse sie trennen und sogar in Gegnerschaft zueinander bringen.

Ob man es will oder nicht! Warum sollte man es nicht wollen? Warum sollte diese Gemeinschaft gegen den Willen ihrer Mitglieder entstehen?

Jede dieser geistigen Familien lehrte der Welt den Universalismus, auch wenn sie sich über die Pädagogik nicht immer einig waren. Unsere wesentlichen Schicksale sind befreundet.

Der Monotheismus ist keine Arithmetik des Göttlichen. Er ist die vielleicht übernatürliche Gabe, den Menschen hinter der Verschiedenheit der historischen Traditionen, die jeder einzelne fortsetzt, als absolut dem Menschen gleich zu sehen. Er ist eine Schule der Liebe zum Fremden und des Antirassismus.

Aber er ist noch mehr: *er zwingt den Anderen, in den Diskurs einzutreten, der ihn mit mir vereinen wird.* Dies ist ein Punkt von höchster Bedeutung. Die Logik der Hellenen stellte bekanntlich ein Einverständnis zwischen Menschen her. Jedoch unter einer Bedingung. Unser Gesprächspartner muß einwilligen zu sprechen, man muß ihn zum Gespräch hinführen. Und Platon sagt uns zu Beginn des *Staat*, daß niemand den anderen zwingen kann, ein Gespräch aufzunehmen. Und Aristoteles sagt uns, daß der Mensch, der schweigt, sich der Logik des Nicht-Widerspruchs endlos verweigern kann. Der Monotheismus, das Wort des Einen Gottes, ist genau das Wort, das nicht zu hören unmöglich ist, dem nicht zu antworten unmöglich ist. Es ist das Wort, das dazu zwingt, das Gespräch aufzunehmen. Weil die Mono-

* Ansprache auf einer von der *Union des Etudiants Juifs* in der *Mutualité* einberufenen Versammlung im Winter 1959.

theisten der Welt das Wort des Einen Gottes zu Gehör brachten, kann der griechische Universalismus in der Menschheit zur Wirkung kommen und sie allmählich zur Einigung hinführen. Diese homogene Menschheit, die nach und nach vor unseren Augen Gestalt annimmt, in Furcht und Zittern zwar, aber bereits durch eine wirtschaftliche Zusammenarbeit solidarisch, diese Menschheit haben wir Monotheisten ins Leben gerufen! Nicht das ökonomische Kräftespiel hat diese faktische Solidarität geschaffen, die auf dem ganzen Planeten Rassen und Staaten vereint, das Gegenteil ist wahr: die monotheistische Kraft, dem Menschen den anderen Menschen erträglich zu machen und den anderen Menschen zu einer Antwort zu veranlassen, hat diese ganze Ökonomie der Solidarität möglich gemacht.

Der Islam ist einer der Hauptfaktoren dieser Herausbildung der Menschheit. Seine Aufgabe war schwierig und großartig. Seit langem ist er über die Stämme hinausgewachsen, in denen er geboren wurde. Er ist in drei Kontinente ausgeschwärmt. Er hat zahllose Völker und Rassen vereint. Er hat besser als jeder andere begriffen, daß eine universale Wahrheit mehr wert ist als lokale Partikularismen. Nicht durch Zufall zitiert eine talmudische Lehrfabel Ismael – das Symbol des Islams – unter den wenigen Söhnen der Heiligen Geschichte, deren Name vor ihrer Geburt formuliert und angekündigt wurde. Als wäre ihre Funktion in der Welt seit aller Ewigkeit in der Ökonomie der Schöpfung vorgesehen.

Vor der Größe dieser Leistung, vor dieser souveränen Zusammenarbeit beim Werk der Vereinigung – Endzweck und Rechtfertigung jeder partikularen Vereinigung – hat sich das Judentum immer wieder verneigt. Einer seiner großen Dichter und Theologen, Jehuda Halevy, der als Jude in diesem Bereich dem Judentum ein Erstgeburtsrecht gewiß nicht absprechen konnte, Jehuda Halevy, der arabisch schrieb, verherrlichte die Mission des Islams.

Diese Dankbarkeit ist in jedem Juden lebendig, der diesen Namen verdient. Denn der Jude, und das ist vielleicht eine seiner Definitionen, ist ein Mensch, der trotz aller Sorgen und Kämpfe des Augenblicks in jedem Moment bereit bleibt für den Dialog über hohe Dinge, das heißt für das Wort von Mensch zu Mensch. Vor allem aber ist der Jude ein Mensch, für den der Dialog über die hohen Dinge zumindest die gleiche entscheidende Bedeutung hat wie die Kämpfe und Sorgen des Augenblicks. Es ist undenkbar, daß eine solche Disposition gerade bei denen kein Echo finden sollte, die mit soviel Größe die Aufgabe vollendeten, von der das Judentum die erste Botschaft brachte.

Eben dies möchten wir in einer von den jüdischen Studenten – von den Gelehrten dieses Volks von Gelehrten – einberufenen Versammlung sagen, wenn wir die Haltung des Judentums gegenüber dem Islam zum Ausdruck bringen. Die Erinnerung eines gemeinsamen Beitrags zur europäischen Zivilisation im Laufe des Mittelalters, als sich die griechischen Texte mit Hilfe der jüdischen Übersetzer, die die arabischen Übersetzungen übersetzt hatten, in Europa verbreiteten, kann nur dann begeistern, wenn wir auch heute noch an die Macht des Wortes ohne Rhetorik und ohne Diplomatie glauben. Ohne seine Verpflichtungen zu leugnen, ist der Jude offen für das Wort und glaubt an die Wirksamkeit der Wahrheit.

Fromme Wünsche, wird man sagen, und großmütige Worte! Ich weiß, daß man den Worten nicht mehr glauben kann, denn man kann nicht mehr sprechen in dieser gepeinigten Welt. Man kann nicht mehr sprechen, denn niemand kann seine Rede beginnen, ohne sofort etwas ganz anderes zu bezeugen als das, was er sagt. Psychoanalyse und Soziologie belauern den Sprechenden. Wenn man die Mystifikation anprangert, erweckt man bereits den Eindruck, erneut zu mystifizieren.

Aber wir Juden, Moslems und Christen – wir Monotheisten – sind hier, um den Bann zu brechen, um Wörter zu sagen, die sich aus dem Zusammenhang, der sie verunstaltet, losreißen, um Worte zu sagen, die bei demjenigen beginnen, der sie sagt, um das Wort wiederzufinden, das entscheidet, das Wort, das den Knoten löst, das prophetische Wort.

»Zwischen zwei Welten«
(Der Weg von Franz Rosenzweig)*

Man hat mich nicht gebeten, Rosenzweigs Philosophie darzulegen, sondern seine geistige Biographie. Ich werde Ihnen von diesem Leben erzählen, so wie es sein Denken zu erkennen gab, denn das Denken Rosenzweigs ist das wesentliche Element dieses bezeichnenden Lebens.

Ich werde von seinem Denken sprechen, ich werde es keiner Psychoanalyse unterziehen. Ich werde es als ein Zeugnis vorstellen, ohne an Elementen in diesem Denken Anstoß zu nehmen, die sich nicht systematisieren lassen. Ich werde aus seinem Werk keine philosophische oder historische Exegese machen. Die große Bedeutung von Rosenzweigs Denken liegt eher in den Fragen, zu denen es führt, als in den Einflüssen, denen es möglicherweise unterlag.

Ich werde der Versuchung widerstehen, dieses Leben als ein erbauliches Leben vorzustellen, was einen Hagiographen durchaus verlocken könnte. Dieser deutsche Jude, der 1929 im Alter von dreiundvierzig Jahren in Frankfurt starb – am 10. Dezember dieses Jahres wird es dreißig Jahre her sein –, wurde in Kassel in einer assimilierten Familie des deutschen Großbürgertums geboren. Die besten Freunde seiner Jugend und seiner Studienzeit waren konvertierte Juden, seine eigenen Vettern. Er selbst stand 1913 an der Schwelle zur Konversion. Er hat diese Schwelle nicht überschritten, womit er erneut Vladimir Jankélévitchs Bemerkung über das Wunder des jüdischen Schicksals veranschaulicht, das sich in letzter Stunde ereignet, im letzten Moment, in jenem »beinah«, das so breit ist wie eine Nadelspitze, jedoch breit genug, um einer Stimme Zeit zu lassen, die den zum Unwiederbringlichen ausgestreckten Arm zurückhält.

Nein zum Übertritt – die erste Kühnheit (denn man muß meinen Bericht unbedingt unter den Titel »Kühnheit und Furcht-

* Vortrag, gehalten am 27. September 1959 auf dem zweiten Kolloquium Jüdischer Intellektueller Französischer Sprache, organisiert von der Französischen Sektion des Jüdischen Weltkongresses.

samkeit« stellen). Damit beginnt der Weg der Rückkehr und der Wiedereroberung.

Dieser strenge und beherzte Denker, der nach drei Jahren Medizinstudium zur Geschichte und zur Philosophie fand, war in den anspruchsvollsten Disziplinen der deutschen Universität ausgebildet worden. Als Philosoph debütierte er mit der Veröffentlichung einer kritischen Studie über ein Manuskript Hegels, das er als ein Werk Schellings identifizierte; als Hegelianer veröffentlichte er noch 1920 das monumentale Werk *Hegel und der Staat*, das viele kühne, aber stets wissenschaftlich fundierte Ansichten und Ideen enthält, Ergebnis seiner Studien von 1914, aber gleich nach der Veröffentlichung nennt er dieses Buch die *dem deutschen Geist gezahlte Miete*. Dem Geist, der ihn beherbergt, fühlt er sich fremd. In Wirklichkeit lernt er schon seit 1912 Hebräisch, geht zu den Quellen zurück, tritt in Kontakt mit Hermann Cohen, dessen jüdische Schriften er bewundert, noch bevor er die anderen kennt. Dieser deutsche Jude, dessen Herkunftsmilieu in allen Vorurteilen befangen war, die ein Westjude damals gegenüber den Juden aus Osteuropa hegte, begeistert sich für die jüdische Jugend Polens, die er während des Kriegs kennenlernt. Gegen Ende der Feindseligkeiten hält er sich einige Monate in Warschau auf, und er bewundert diese jüdische Jugend Warschaus sogar in ihrer äußeren Erscheinung. Nach dem Friedensschluß verzichtet er auf die Universitätskarriere, die brillant zu werden verspricht, um sich dem Freien jüdischen Lehrhaus zu widmen. Er gründet es in Frankfurt, in innigem Einvernehmen mit Rabbi Nobel, dessen Zauber er verfällt, dem er wie Hermann Cohen große Bewunderung zollt und den er als Lehrmeister anerkennt. Ein jüdisches Studienzentrum, wie wir sie heutzutage in Paris jedes Jahr gründen – dahin also führen so viele Semester glänzender Universitätsstudien!

Eine weitere Kühnheit: Durch seine Hegelstudien in der Gewißheit der geistigen Bedeutung von Staat und Politik herangebildet und unter dem Einfluß, den sein Lehrer an der Universität Freiburg, Professor Meinecke, auf ihn ausgeübt hatte, wendet er sich dem Christentum zu, um dort nach der Grundlage des Seins zu forschen. Diese Erforschung des Christentums enthüllt ihm das Judentum, das seine Familie im Wohlstand und in der Ruhe jenes bürgerlichen Lebens in Kassel und jenes kaiserlichen

Deutschlands, das für die Juden von vor 1914 so behaglich war, langsam vergaß.

Diese doppelte Bewegung – zuerst zum Christentum, dann zum Judentum – interessiert uns nicht allein als psychologische Merkwürdigkeit. Es zeugt vom Schicksal des modernen europäischen Judentums, das nicht mehr verkennen kann, daß das Christentum seit zweitausend Jahren eine bestimmende Kraft der abendländischen Existenz ist. Und ich meine sogar, daß diese verständnisvolle Haltung gegenüber dem Christentum auch von der Tatsache zeugt, daß das Christentum, anders als heute morgen gesagt wurde, für das Judentum nicht mehr gefährlich ist: es ist für uns keine Verlockung mehr.

Das wichtigste Buch Rosenzweigs, das Buch seines Lebens, 1921 unter dem Titel *Stern der Erlösung* erschienen, 1917 an der Balkanfront konzipiert und auf Postkarten geschrieben, die er sofort ins väterliche Haus schickte, ist ein System der Philosophie, das eine neue Art des Denkens ankündigt. Rosenzweig hat sie als neu erkannt. Sein Einfluß auf die nicht-jüdischen Philosophen in Deutschland war vielleicht größer, als sie zugeben wollen. Sie zitieren ihn nie.

Und dennoch ist dieses Buch über allgemeine Philosophie ein jüdisches Buch, das das Judentum auf neue Weise begründet: das Judentum ist nicht mehr nur eine Lehre, deren Thesen wahr oder falsch sein mögen, *die jüdische Existenz selbst ist ein wesentliches Ereignis des Seins, die jüdische Existenz ist eine Kategorie des Seins.*

Damit nimmt die Bewegung, in Rosenzweigs Leben wie in seinem Werk, immer denselben Weg, der ihn uns so nahebringt: er führt vom Universalen und Menschlichen her zum Judentum.

Im Augenblick seines Todes tritt Rosenzweig in Deutschland als Lehrmeister und Anreger einer jüdischen Erneuerung in Erscheinung.

Dieser Weg der Wahrheit, der, wie wir sahen, auf Erfolg keine Rücksicht nimmt, durchzogen von feiner und scharfsinniger Intelligenz (trotz den Kritiken, die in unseren Tagen einige junge Leute an ihm üben) und einer Sensibilität, die der Humor zu verbergen suchte, dieses Leben endet nach acht Jahren Krankheit. Rosenzweigs Krankheit, die fast unmittelbar nach seiner Heirat ausgebrochen war, wurde sofort als tödlich erkannt.

Dennoch dauerte sie acht Jahre. Acht Jahre Krankheit – und hier zeigt sich offen das hagiographische Element –, acht Jahre Krankheit, die acht Jahre intellektueller Anstrengungen, Studien und sogar Freuden waren, trotz der fast von Anfang an fast vollständigen Trennung von Seele und Körper, erlebt von dieser Seele in diesem Körper, der in einer fortschreitenden Lähmung erstarrte.

Ich füge hinzu, daß die Vertrautheit mit Rosenzweig, die nicht nur dank seinem Werk, das sein Leben widerspiegelt, sondern auch dank den Erinnerungen noch lebender Freunde und Schüler in weitem Umfang möglich ist, vor allem dank einem Briefwechsel hergestellt werden kann, der eigentlich als erstes ins Französische hätte übersetzt werden müssen. Er ist von unvergleichlicher Anziehungskraft und Aufrichtigkeit. Der Kontakt mit diesem Toten verwandelt sich in Zärtlichkeit und Zuneigung. Man erkennt in Rosenzweig trotz den schrecklichen Erfahrungen, die uns von seiner Zeit trennen, trotz den deutschen Landschaften, in denen sich dieses Leben abspielt, einen Zeitgenossen und einen Bruder.

Meine Absicht ist jedoch nicht, Sie zu rühren oder Rosenzweigs dreißigsten Todestag mit einer akademischen Ehrung ins Gedächtnis zu rufen. Ich will anhand dieser, wie man heute sagt, authentischen Persönlichkeit nach einem der Zugänge zum Judentum und sogar zur Religion schlechthin suchen, wie er einem Juden unserer Tage möglich war, der, wie Sie alle, die Bücher der Philosophen und Historiker gelesen hat, der die Soziologie, die Bibelkritik und sogar Spinoza sowie alle Verdächtigungen kannte, denen sie den naiven Realismus der Gläubigen aussetzten. Ich möchte auch zeigen, wie der Jude von heute, der als Bürger eines modernen Staates anerkannt und – wie Sie alle, wie wir alle – versucht ist, in seiner Teilnahme am Leben des Staates eine Erfüllung seiner Berufung als Mensch zu sehen – wie dieser Jude zum Judentum gelangt. Und schließlich möchte ich zeigen, wie ein Mensch, der unter all diesen Umständen auch ein geistig gesunder Mensch ist, zum Judentum gelangt.

Dazu müssen wir uns dem *Stern der Erlösung* zuwenden. Wir wollen nicht wie von einem System darüber sprechen, weder die darin zu erkennenden Einflüsse ausloten noch die Variationen über die klassischen Themen sichten, die es enthält, obwohl dieses Buch durchaus einer gelehrten Auslegung würdig ist, denn es entspringt einem strengen und stets bewundernswert kenntnisreichen Denken.

Denn dieses Buch ist mehr als nur dies. Es ist das Werk eines Lebens, nicht nur gleich dem Meisterwerk, das im Leben eines Schöpfers die Krönung seiner schöpferischen Tätigkeit darstellt – dies war sicherlich auch seine Bedeutung für Rosenzweig, der sehr glücklich war, sich mit zweiunddreißig Jahren gegenüber seinem Leben einer Schuld entledigt zu haben, die Goethe dem seinen erst im Alter von zweiundachtzig Jahren zahlen konnte, als er den *Faust* beendete. Doch ist der *Stern der Erlösung* noch in einem anderen Sinn das Buch eines Lebens. Rosenzweig empfand es als ein *wesentliches Moment seiner Beziehung zum Leben*, als ein Buch, das die Türen des Lebens öffnet. Das Leben reicht über das Buch hinaus, setzt jedoch einen Durchgang durch das Buch voraus.

Diese merkwürdige Beziehung kennzeichnet meines Erachtens den modernen Aspekt des Denkens von Rosenzweig. Sie bringt uns seine Situation nahe.

Zunächst spürte Rosenzweig das Herannahen dieses Buchs; es gab eine wahre Erwartung dieses Buchs. Rosenzweig indes ist kein sentimentaler Mensch. Er schreibt einem seiner engen Freunde, Eugen Rosenstock, der selbstverständlich konvertierter Jude war, 1916 über dieses Buch, das kommt, sowie jenes Werk, *Hegel und der Staat*, das ganz nahe ist: »Sie müssen an dem ›Hegel‹ gemerkt haben, daß sein persönlicher Existenzgrund kein Interesse an Hegel war, sondern der Wille, ein *Buch* zu machen. (...) Unter diesem Drang zum ›Produkt an sich‹ hat meine ganze vergangene Entwicklung gestanden (...). Das ist nun vorbei. Ich bin aus einem Menschen des Nichts-als-produzieren-Wollens zu einem geworden, der keine Pläne, nur noch Probleme hat, ohne Wissen und Wollen, was und daß etwas dabei entsteht« (*Briefe*, S. 648*). Und als das Buch geschrieben ist, sagt er, er werde »nicht wieder etwas Derartiges schreiben« (*Briefe*, S. 371). Das wahre Leben beginnt, und dieses wahre Leben ist eben, daß es kein Buch mehr ist. *Nicht-mehr-Buch-Sein!*, aber eben dadurch eine Bezugnahme auf das Buch. In

* Franz Rosenzweig, *Briefe*, Schocken Verlag, Berlin 1935.

*Das neue Denken** schreibt er: »Jeder soll einmal philosophieren. Jeder soll einmal vom eigenen Stand- und Lebenspunkt rundumherschauen. Aber diese Schau ist nicht Selbstzweck. Das Buch ist kein erreichtes Ziel, auch kein vorläufiges. Es muß selber verantwortet werden, statt daß es sich selber trüge oder von andern seiner Art getragen würde. Diese Verantwortung geschieht am Alltag des Lebens. Nur um ihn als All-tag zu erkennen und zu leben, mußte der Lebenstag des All durchmessen werden.«

Das Verhältnis zwischen der Philosophie und dem Leben, das sich durchsetzt, wird allein durch die Situation ermöglicht, die viele Denker unserer Tage als das Ende der Philosophie bezeichnen. Dieses Ende der Philosophie ist nicht nur ein Ereignis, das eine Kaste von Intellektuellen und ihre strittigen Lehrmeinungen betrifft. Es ist vielleicht der Sinn unserer Epoche selbst.

Die Ära der Philosophie ist die Ära, in der sich die Philosophie auf den Lippen der Philosophen manifestiert. Sie kann ungehindert von Menschen ausgeübt werden, denen es freisteht, in einen zusammenhängenden Diskurs einzutreten wie der aristotelische Weise, der die reinen Wesenheiten betrachtet und mit dieser Betrachtung seine ethischen Tugenden krönt, oder wie Descartes, der die Suche nach der Wahrheit als die würdigste Beschäftigung eines Lebens wählt.

Es ist aber auch die Ära, in der es den Menschen freisteht, sich ihrer zu enthalten, zu schweigen wie Thrasymachos oder zu bellen wie die Kyniker oder einander zu bekriegen oder den Leidenschaften zu frönen, sich – frei nach Goethe – abzuwenden von der »grauen Theorie«, um nach dem Grün des Lebens goldnem Baum zu streben.

Das Ende der Philosophie ist nicht die Rückkehr zu der Zeit, da sie noch nicht begonnen hatte, da es nicht möglich war, nicht zu philosophieren, das Ende der Philosophie ist der Beginn einer Zeit, in der alles Philosophie ist, weil sich die Philosophie nicht durch die Philosophen offenbart. Wie in einem Gedicht von Majakowski, in dem die gewöhnlichen Dinge und sogar die Embleme der Fahnen ein selbständiges Leben unter den Men-

* In: Franz Rosenzweig, *Zweistromland. Kleinere Schriften zu Glauben und Denken*, Gesammelte Schriften, Bd. III, Martinus Nijhoff Publishers, Dordrecht 1984.

schen zu führen beginnen, sind die Begriffe auf die Straße gegangen, sind die Argumente zu Ereignissen und die dialektischen Konflikte zu Kriegen geworden. Was sich im Bewußtsein jedes einzelnen – und dies ist der konkrete Aspekt der Situation –, so weit er auch vom ausdrücklichen Bekenntnis zum Judentum und zum Marxismus entfernt sein mag, in *der bangen Gewißheit eines unerbittlichen Gangs der Geschichte auf Ziele zu ausdrückt, die die Absichten der Menschen übersteigen.*

Ende der Philosophie... Die Bewegung, die zur Befreiung des Menschen führte, kettet den Menschen an das System, das er errichtet. Im Staat und in den Nationalismen, in der aus der Philosophie hervorgegangenen sozialistischen Staatsdoktrin empfindet das Individuum die Notwendigkeit der philosophischen Totalität als totalitäre Tyrannei.

Rosenzweig weiß, daß der *anthropos theoretikos* endgültig aufgehört hat zu herrschen, und er stimmt Hegel zu, der meinte, daß er »das Ende der Philosophie sei«, und weiß, daß »der Philosoph überflüssig (Professor) geworden« ist (*Briefe*, S. 645).

Aber er weiß auch, daß der bloße Protest des individuellen Bewußtseins, dessen, was er »trotzdem das Individuum« nennt, der Philosophie nicht einfach entrinnen kann. Nach soviel Wissen ist einfache Spontaneität nicht mehr möglich, und die Anarchie der individuellen Proteste der subjektiven Denker, wie er sie nennt, Kierkegaard oder Nietzsche, droht mit allen Schwärmereien und allen Grausamkeiten der Welt.

Die Befreiung von dieser Philosophie ohne Philosophen erheischt eine Philosophie, und Aristoteles hat mit seiner berühmten Formulierung: »Man muß philosophieren, um nicht zu philosophieren«, im Grunde die extreme Möglichkeit der Philosophie definiert, die Philosophie des 20. Jahrhunderts.

Nun, die Ordnung, die es erlaubt, sowohl dem Totalitarismus der Philosophie, die die Beunruhigung des »Trotzdem-Individuums« verkennt, als auch der Anarchie der individuellen Begierden zu entrinnen, dieses Leben, das über das Buch hinausgeht, diese Philosophie, die Leben wird, statt Politik zu werden, ist die Religion. Sie geht der Philosophie nicht voraus, sie folgt ihr.

Das Wort »Religion« – seien Sie getrost – kommt im *Stern der Erlösung* nicht vor. Rosenzweig rühmt sich, es nicht verwendet zu haben, denn, so sagt er, »Gott hat eben nicht die Religion, sondern die Welt geschaffen«. Die Religion ist keine abgesonderte Realität, die zur Realität hinzukommt. Ihr Wesen liegt für Rosenzweig in *eben der Art und Weise, in der das Sein ist.* Die Religion spiegelt einen ontologischen Plan wider, der ebenso ursprünglich und ebenso originell ist wie derjenige, in dem das Wissen in der Geschichte des Abendlandes auftaucht.

Rosenzweig greift also auf die Religion zurück, die keine besondere Institution unter den anderen menschlichen Institutionen ist, nicht einmal eine Form von Kultur, ja nicht einmal eine Gesamtheit von Glaubensinhalten oder Meinungen, die uns eine besondere Gnade beschert hat und die an die rationalen Wahrheiten grenzen.

»Die Einteilung der Menschen in ›religiöse‹ und ›nichtreligiöse‹ (...) zieht nicht. Es handelt sich gar nicht um eine besondere Beanlagung, die man hat oder nicht hat«, schreibt Rosenzweig Ende Oktober 1913 an seine Mutter, »sondern um Fragen, die an jeden Menschen gerichtet werden und denen wir uns nur dadurch entziehen können, daß wir entweder allem Handeln ein Ende machen oder (da das einzige Mittel dazu noch nicht einmal ganz sicher ist, von wegen der eventuellen Unsterblichkeit) daß wir unsren eigenen Verstand aufgeben und ihn blindlings irgend jemand – sei es einem Menschen, sei es einer Mode, sei es unsern Trieben, sei es dem gesellschaftlichen Milieu – unterordnen«.

Und zehn Jahre später schreibt er in dem berühmten Aufsatz *Das neue Denken*: »Die Sonderstellung von Judentum und Christentum besteht grade darin, daß sie, sogar wenn sie Religion geworden sind, in sich selber die Antriebe finden, sich von dieser ihrer Religionshaftigkeit zu befreien und aus der Spezialität und ihren Ummauerungen wieder in das offene Feld der Wirklichkeit zurückzufinden. Alle historische Religion ist von Anfang an spezialistisch, ›gestiftet‹; nur Judentum und Christentum sind spezialistisch erst, und nie auf die Dauer, geworden und gestiftet nie gewesen. Sie waren ursprünglich nur etwas ganz ›Unreligiöses‹ (...).«

Wir verdanken Rosenzweig also – zwar versteht sich das von selbst, wie ich meine, aber das Wort »Religion« ruft so heftige Reaktionen hervor, sobald man es ausspricht, daß es besser ist, darauf hinzuweisen – die Erinnerung an einen völlig anderen Begriff von Religion als den vom Laizismus bekämpften, einen Begriff, der von vornherein gesetzt ist, einer, der in der Ökonomie des Seins auf derselben Ebene erscheint, auf der das Denken darin erscheint. Niemand steht dem salbungsvollen, mystischen, frommen, moralisierenden, klerikalen Begriff der Religion und des religiösen Menschen feindlicher gegenüber als Rosenzweig, jenem Begriff, den der Reformismus, als er die Gesamtheit des Ritus angriff, nie zu überwinden wußte, dessen schamlose Aspekte er durch die Zurschaustellung der sogenannten religiösen Seele sogar noch verstärkte.

Wie aber kann man der Struktur des Realen – so wie die europäische Philosophie »von Jonien bis Jena« sie herausgearbeitet hatte – mit demselben Anspruch auf Wahrheit eine Ontologie der religiösen Wahrheit entgegensetzen, ein neues Denken, das ebenso souverän gedacht werden kann wie das Denken von Thales bis Hegel? Eben dies unternimmt der *Stern der Erlösung*.

Der Satz des Thales, »Alles ist Wasser«, ist Rosenzweig zufolge der Prototyp der philosophischen Wahrheit. Er verweigert sich der Wahrheit der Erfahrung, um das Verschiedenartige zu reduzieren, um zu sagen, was jede angetroffene Realität *im Grunde* ist, und um die phänomenale Wahrheit in dieses Alles einzuschließen.

Alles reduziert sich für die antike Kosmologie in der Tat auf die Welt; für die mittelalterliche Theologie auf Gott; für den modernen Idealismus auf den Menschen. Diese Totalisierung führt zu Hegel: die Wesen haben nur Sinn im Hinblick auf das Alles der Geschichte, das ihre Wirklichkeit bemißt und das die Menschen, die Staaten, die Zivilisationen, ja sogar das Denken und die Denker umfaßt. Die Person des Philosophen reduziert sich auf das System der Wahrheit, von dem sie ein Moment ist.

Rosenzweig brandmarkt diese Totalität und diese Art, die Totalität durch Reduktion zu erreichen zu suchen. Die Totalität verleiht nämlich dem Tod, den jeder für sich allein stirbt, keinerlei Sinn. Der Tod ist irreduzibel. Man muß also von der reduzierenden Philosophie zur Erfahrung zurückkehren, das heißt zum Irreduziblen – ein Empirismus, der nichts Positivistisches an sich hat.

Unter Erfahrung ist die Fülle der Tatsachen zu verstehen, aber auch die Fülle der Ideen, der Werke, inmitten derer eine menschliche Existenz verläuft: Natur, ästhetische und moralische Tatsachen, die anderen, ich selbst, Gott ... Die Menschheit, sei sie religiös oder atheistisch, hat, so gesehen, eine Erfahrung von Gott, gerade weil sie diesen Terminus versteht, und sei es, um seinen Gegenstand zu leugnen, zu reduzieren oder zu erklären.

In dieser reinen Erfahrung bilden sich drei große irreduzible Realitäten heraus und heben sich von der Totalität ab: der Mensch, Gott und die Welt. Die Anstrengung besteht nicht darin, diesen Gott der Erfahrung auf das zu reduzieren, was er *im Grunde* ist, sondern ihn so zu beschreiben, wie er erscheint, hinter den Begriffen, deren frömmste ihn bereits entstellt und verraten haben.

Ebenso ist mit dem Menschen und der Welt zu verfahren. Jede dieser nicht miteinander verbundenen Realitäten steht für sich und läßt sich durch sich selbst begreifen (*per se sunt et per se concipiuntur*, wie bei Spinoza). Der Mensch ist keine bloße Singularität des Menschen im allgemeinen, denn er stirbt für sich allein. Als Teil der Natur, Besonderheit des Begriffs »Mensch«, als Träger einer Kultur, als ethisches Wesen kann der Mensch den Tod verachten, nicht aber als »Selbst«, wo er »Metaethik« ist.

Hinter einem Gott, der wirkende Ursache der Welt ist, hinter der Welt, die die Ordnung des logischen Denkens selbst ist, zeigt sich ein metaphysischer Gott, eine metalogische Welt. Isolierte und in sich geschlossene Wesen, durch sich selbst existierend, aber irreduzibel; getrennt, weil irreduzibel. Und mit diesem Begriff identifiziert Rosenzweig die Erfahrung des Altertums, das die plastische Welt der Kunst besaß, einen mythischen, von der Welt getrennten Gott, der wie die epikureischen Götter in den Zwischenräumen des Seins lebte; und den tragischen Menschen, der nichts anderes als das Selbst ist, das, in sich über der Welt geschlossen, nicht mit der Welt und mit Gott in Beziehung tritt.

Dies ist also die erste Anstrengung, um zu einer Erfahrung zurückzukehren, die ewig wahr ist. Trennung des Seienden, ewig wahr, weil diese irreduziblen Realitäten ein Stadium der menschlichen Erfahrung sind.

Doch es gibt ein zweites Moment des Denkens von Rosenzweig: diese Isolierung ist nicht die Welt unserer konkreten

Erfahrung, denn in unserer Erfahrung sind Gott, Welt und Mensch nicht getrennt, sondern verbunden. Verbunden sind sie nicht durch die Theorie, die sie um den Preis einer Reduktion panoramisch umfaßt. Hierin liegt meines Erachtens der wesentliche Punkt: die Art und Weise, wie in der allgemeinen Ökonomie des Seins die Vereinigung irreduzibler und absolut heterogener Elemente erfolgen kann – die Einheit dessen, was nicht vereint sein kann –, ist *das Leben* und *die Zeit*.

Anstelle der Totalisierung der Elemente, die unter dem synoptischen Blick des Philosophen erfolgt, entdeckt Rosenzweig das Inbewegungsetzen der Zeit selbst, des Lebens; es handelt sich um jenes Leben, das nach dem Buch kommt. Die Totalisierung vollzieht sich nicht durch den Blick des Philosophen, sondern durch die Wesen selbst, die sich totalisieren, die sich vereinen. Diese vollzogene Vereinigung – als Zeit – bildet das ursprüngliche Faktum der Religion. Noch bevor die Religion ein Bekenntnis ist, ist sie das Pulsieren des Lebens selbst, in dem Gott mit dem Menschen und der Mensch mit der Welt in Beziehung tritt. Religion als das Gewebe des Seins, älter als die Totalität des Philosophen.

Das Leben oder die Religion geht der Philosophie und der Vernunft voraus und folgt ihr gleichzeitig, wobei die Vernunft selbst als ein Moment des Lebens erscheint. Ich betone: die Einheit ist hier nicht die formale Einheit von Gott, Mensch und Welt, die sich unter dem reduzierend addierenden, den Elementen äußerlichen Blick des Philosophen mittels eines synthetischen Denkens vollzöge. Die Einheit liegt in dem Sinn, den diese Termini jeweils füreinander haben, wenn man sich in diese Elemente selbst hineinversetzt. Die Einheit ist die Einheit eines Lebens. *Die Beziehungen zwischen den Elementen sind vollendete Beziehungen und nicht Spezifizierungen einer allgemeinen Beziehung*. Es sind nicht Spezifizierungen einer Kategorie. Jede Beziehung ist irreduzibel, einmalig, ursprünglich. Und dies ist ein weiteres Beispiel für jene Entformalisierung der Begriffe, die die gesamte moderne Philosophie kennzeichnet.

Das Band, das Gott mit der Welt verknüpft, kann nicht als eine Spezifizierung der Konjunktion »und« gedacht werden. Es ist Schöpfung. In diesem Fall ist die Konjunktion Schöpfung. Im selben Sinne ist die Beziehung zwischen Gott und Mensch Offenbarung. Zwischen dem Menschen und der Welt (aber bereits insofern, als sich der Mensch selbst durch die Offenbarung und die Welt durch die Schöpfung bestimmt) ist die Beziehung Erlösung.

Rosenzweig greift also die theologischen Begriffe auf und führt sie als ontologische Kategorien in die Philosophie ein. Die Konjunktion »und« ist keine formale und leere Kategorie. Gott »und« der Mensch ist zum Beispiel nicht die Vereinigung zweier Termini, die wir von außen wahrnehmen können. Gott »und« der Mensch ist Gott für den Menschen oder der Mensch für Gott. Das Wesentliche spielt sich in diesem »für« ab, in dem Gott und Mensch leben, und nicht in jenem »und«, das die Philosophen sehen. Oder genauer, die Konjunktion »und« bezeichnet eine Haltung der Verbindung, die auf verschiedene Weise erlebt wird, und nicht das von einem Dritten feststellbare Verhältnis.

Der Mensch und die Welt unterhalten als Teile der Welt zu Gott eine Beziehung von Geschöpf zu Schöpfer. Die Welt hält nicht von selbst zusammen; sie ist nicht ihr eigener Grund wie bei den Idealisten. Sie ist keine Idee mehr, sie bezieht sich auf einen Ursprung, auf eine Vergangenheit; und eben dies macht für Rosenzweig das ganze Gewicht ihrer Realität aus. Wenn sie sich von einem Bild, einer irrealen plastischen Welt unterscheidet, wenn sie reale Welt ist, dann gerade durch ihren Bezug auf die Schöpfung, auf die absolute Vergangenheit der Schöpfung. Die Schöpfung und das Wissen, das der Mensch von ihr hat, verwandeln den Menschen nicht in Nichts wie bei bestimmten Formen der modernen Philosophie, sondern im Gegenteil in ein Wesen, das seines Seins sicher ist. Die Schöpfung ist in keiner Weise Beschränkung des Seins, sondern seine Grundlage – das genaue Gegenteil der Heideggerschen »Geworfenheit«.

Merken wir schließlich an, daß die Beziehung zwischen Gott und Welt als stets vergangene stattfindet. Wenn sich die Beziehung zwischen den Elementen Gott, Welt, Mensch als Zeit konstituiert, dann ist diese Zeit nicht zu trennen von dem konkreten Ereignis, das sie artikuliert, von der Qualifikation des »und«. Gerade aufgrund der Schöpfung hat die Zeit die Dimension der Vergangenheit und nicht umgekehrt. Etwas, was der Heideggerschen Theorie der »Ekstasen« der Zeitlichkeit sehr ähnlich ist.

Gott liebt den Menschen als Selbst. Alles, was er in seiner

Beziehung zum Menschen ist, ist diese Liebe. Und Gott kann den Menschen nur als Singularität lieben. Diese Liebesbeziehung Gottes zum singulären Menschen nennt Rosenzweig Offenbarung. Das bedeutet nicht, daß es zuerst Liebe und dann Offenbarung gäbe oder zuerst Offenbarung und dann Liebe. Die Offenbarung ist diese Liebe.

Hier unterstreicht Rosenzweig, dessen Analyse völlig den phänomenologischen Analysen gleicht, daß die Beziehung niemals gedacht, sondern verwirklicht ist. Es resultiert aus ihr kein System, sondern ein Leben.

Schließlich ist noch anzumerken, was als Antwort auf diese Liebe Gottes geschieht und wie die Offenbarung sich fortsetzt. Die Liebe Gottes zum Selbst ist *ipso facto* ein Gebot zu lieben. Rosenzweig meint nämlich, daß man die Liebe gebieten kann. Anders, als Kant meinte, kann die Liebe geboten werden. Man kann die Liebe gebieten, aber es ist die Liebe, die die Liebe gebietet, und sie gebietet sie im *Heute* ihrer Liebe, so daß sich das Gebot zu lieben unendlich wiederholt und erneuert in der Wiederholung und Erneuerung der Liebe, die die Liebe gebietet.

Das Judentum, in dem die Offenbarung bekanntlich nicht vom Gebot zu trennen ist, bedeutet also keineswegs das Joch des Gesetzes, sondern eben die Liebe. Die Tatsache, daß das Judentum aus Geboten gewebt ist, zeugt von der ständigen Erneuerung der Liebe Gottes zum Menschen, ohne die die in den Geboten gebotene Liebe nicht hätte geboten werden können. So kommt es, daß die herausragende Rolle der *Mizwa* im Judentum kein moralischer Formalismus ist, sondern die lebendige Gegenwart der ewig erneuerten göttlichen Liebe. Und folglich bedeutet sie, über das Gebot, die Erfahrung einer ewigen Gegenwart.

Das jüdische Gesetz insgesamt wird *heute* geboten, obwohl der Berg Sinai der Vergangenheit angehört. Das erinnert uns genau an den Sabbatabschnitt dieser Woche (*Nizzawim*). Was immer es mit dem Judentum auf sich haben mag, die Beziehung Gottes zum Menschen – die Offenbarung – ist das Gegenwärtige selbst, die Produktion dessen, was Heidegger »die Ekstase des Gegenwärtigen« nennen wird. Es gibt nur deshalb Gegenwärtiges, weil es Offenbarung gibt.

Aber die Antwort auf die Liebe Gottes, die Antwort auf die Offenbarung kann nicht in einem Akt erfolgen, der einfach in eine entgegengesetzte Richtung geht, sondern nur auf demselben Weg, den sich die Liebe Gottes zum Menschen bahnt; die Antwort auf die Liebe Gottes zum Menschen ist die Liebe zum Nächsten. Damit ist die Offenbarung bereits Offenbarung der Erlösung. Sie richtet sich auf die Zukunft des Reichs Gottes und vollendet sie.

Die Zukunft offenbart sich folglich in der Gegenwart selbst, da die Liebe Gottes zum Menschen daher rührt, daß der Mensch seinen Nächsten liebt und infolgedessen auf das Reich Gottes vorbereitet. In dieser Offenbarung ist also die Zukunft der Erlösung enthalten. Die Zukunft ist für Rosenzweig kein formaler und abstrakter Begriff. Man könnte sagen, daß die Dimension der Zukunft für ihn auf eine Beziehung zur Erlösung oder zur Ewigkeit hinweist. Die Ewigkeit wiederum ist nicht das Verschwinden des »Besonderen« in seiner allgemeinen Idee, sondern die Möglichkeit aller Kreatur, »wir« zu sagen, oder genauer, wie Rosenzweig es ausdrückt, sie ist die Tatsache, daß das *Ich* lernt, zu einem *Er du* zu sagen.

Wenn indes die Offenbarung die Offenbarung der Erlösung ist, so heißt das nicht, daß die Offenbarung dem Menschen *ankündigt*, er werde erlöst werden. Die Offenbarung *ruft* die Erlösung *hervor*. Die Offenbarung Gottes für den Menschen, die die Liebe Gottes zum Menschen ist, ruft die Antwort des Menschen hervor. Die Antwort des Menschen auf die Liebe Gottes ist die Liebe zum Nächsten. Die Offenbarung Gottes beginnt also das Werk der Erlösung, die jedoch das eigene Werk des Menschen ist. Ein jüdisches Moment im Denken Rosenzweigs: die Erlösung ist das Werk des Menschen. Der Mensch ist der notwendige Vermittler der Erlösung der Welt. Doch dazu muß diese Liebe auch durch eine gemeinsame Existenz *erhellt* sein.

Wir können hier nicht den Analysen folgen, die Rosenzweig zur Existenz der religiösen Gemeinsamkeit führen, wie das Werk der Erlösung sie fordert. In ihnen vollzieht sich der Übergang seiner bisher philosophischen zu seiner religiösen Position, desgleichen der Eintritt der großen Offenbarungsreligionen in den Bereich seiner Überlegung. Halten wir das Thema fest: die Gestalt des Realen ist die religiöse Geschichte. Sie bestimmt die politische Geschichte. Eben dies ist die antihegelsche Position Rosenzweigs.

Wie dem auch sei, die Beziehung der Elemente Gott, Welt, Mensch untereinander ist nicht nur Vergangenheit und Gegenwart, sondern auch Zukunft, entformalisierte Zukunft, die Zukunft der Ewigkeit. Die Philosophen werden sich vielleicht für diese Entformalisierung der Begriffe Gegenwart, Vergangenheit und Zukunft interessieren, die untrennbar mit den ontologischen Ereignissen verbunden sind, deren letzte Bedeutung sie alles in allem sind und in denen man, wie ich oben sagte, ein Unternehmen sehen kann, das der berühmten Heideggerschen Theorie der »Ekstasen der Zeitlichkeit« ähnelt.

Was Rosenzweig selbst interessiert, ist die Entdeckung des Seins als Leben, des Seins als Leben in Beziehung. Die Entdekkung eines Denkens, das das Lieben dieses Seins selbst ist. Die Person fließt nicht mehr in das System ein, das sie denkt, wie bei Hegel, um darin zu erstarren und auf seine Singularität zu verzichten. Die Singularität ist für die Ausübung dieses Denkens und dieses Lebens als unersetzlicher Singularität notwendig, der einzigen, die der Liebe fähig ist, der einzigen, die geliebt werden kann, die zu lieben vermag, die eine religiöse Gemeinschaft bilden kann.

Damit haben wir die erste Bewegung des Denkens von Rosenzweig beschrieben, den Übergang von der idealistischen Philosophie zur Religion, zum Leben, das Religion ist, zur Religion, die gleichsam die Essenz des Seins ist. Anfangs geht es um Religion im allgemeinen, vorerst sehen wir weder Christentum noch Judentum, doch wir sehen bereits die Rolle der religiösen Gemeinschaft. Zwei typisch jüdische Elemente traten in Erscheinung: die Idee des Gebots, als wesentliches Gebot der Liebesbeziehung; die Liebe zeigt sich im Gebot, sie allein ist imstande, die Liebe zu gebieten. Es ist die Idee des erlösenden Menschen und nicht eines erlösenden Gottes. Obwohl die Erlösung von Gott ausgeht, bedarf sie unbedingt der Vermittlung des Menschen.

Die zweite Bewegung besteht im Übergang der Religion zum Judentum.

Damit die Liebe die Welt, die die Erlösung ist, durchdringen kann, damit die Zeit auf die Ewigkeit zugehen kann, darf die Liebe nicht im Zustand eines individuellen Unternehmens verharren, sie muß das Werk einer Gemeinschaft, die Zeit einer Gemeinschaft werden. Man muß von nun an »wir« sagen können. Christentum und Judentum – (das Christentum ist im übrigen die einzige positive Religion neben dem Judentum, die Rosenzweig zufolge die Religion im ontologischen Sinn des Terminus, wie wir ihn soeben beschrieben haben, konkret vollendet; es ist streng gegenüber dem Islam, einer gegründeten Religion) – Christentum und Judentum tauchen in der Geschichte nicht als zufällige Ereignisse auf, sondern als das Eindringen der Ewigkeit in die Zeit. Das Judentum wird erlebt, als wäre es schon jetzt das ewige Leben. Die Ewigkeit des Christen wird als Wanderung, als Weg erlebt. Die christliche Kirche ist im wesentlichen Mission. Von der Inkarnation zum Jüngsten Gericht durchmißt das Christentum die Welt, um die heidnische Gesellschaft in eine christliche Gesellschaft zu verwandeln. Er ist als Weg, der ebenfalls nicht von dieser Welt ist, ein ewiger Weg. Zwischen der Ankunft Christi und seiner Rückkehr schwebt er über den konkreten Ereignissen, die die Kirche allesamt unterschiedslos umfassen und durchdringen kann. Er liegt also außerhalb der Geschichte, aber er kann die ganze Geschichte einschließen. Die Welt ist für ihn transparent.

Der Christ trägt seine christliche Essenz über seiner natürlichen Essenz. Er ist immer ein Konvertit, der mit seiner Natur kämpft. Und der permanente Charakter dieser Überlagerung der Natur durch das Christentum findet seinen Ausdruck im Dogma der Erbsünde.

Die jüdische Gemeinschaft dagegen ist eine Gemeinschaft, die die Ewigkeit in ihrer *Natur* selbst hat. Ihr Sein hängt weder von einer Erde noch von einer Sprache, noch von einer Gesetzgebung ab, die Erneuerungen und Revolutionen unterworfen ist. Ihre Erde ist »heilig« und Ziel einer Sehnsucht, ihre Sprache ist heilig und wird nicht gesprochen. Ihr Gesetz ist heilig und keine für die politische Herrschaft der Zeit geschaffene temporäre Gesetzgebung. Vielmehr wird der Jude als Jude geboren und vertraut dem ewigen Leben, dessen Gewißheit er durch die fleischlichen Bande lebt, die ihn mit seinen Vorfahren und seinen Nachfahren verknüpfen. Rosenzweig verwendet das gefährliche Wort einer Ewigkeit des Bluts, das man nicht im rassistischen Sinn verstehen darf, denn in keinem Augenblick bezeichnet dieser Terminus ein naturalistisches Konzept, das eine Technik rassischer Diskriminierungen rechtfertigt, ebensowenig wie eine rassische Überlegenheit, sondern ganz im Gegenteil eine Fremdheit in bezug auf den Lauf der Geschichte, eine Verwurzelung im eigenen Selbst.

Die Juden wären der Geschichte fremd, die keinen Zugriff auf sie hat. Sie sind ihr gegenüber auch gleichgültig. Die jüdische Gemeinschaft hat schon jetzt die Ewigkeit. Der Jude ist bereits angekommen. Er braucht keinen Staat. Er braucht keine Erde, er braucht keine Gesetze, um seine Dauer im Sein zu sichern. Nichts widerfährt ihm von außen. Der Staat, wie ihn die für das Christentum offenen Völker kennen, bemächtigt sich werdender Völker, zwingt ihnen sein Gesetz gewaltsam auf. Er lebt nur von Kriegen und Revolutionen, im Gegensatz zur wahren Ewigkeit des jüdischen Volks, das diese Ewigkeit in seinem unveränderlichen Gesetz sowie in der Erfahrung der zyklischen Zeit lebt, eben jener Art und Weise, in der die Ewigkeit sich in der Zeit manifestiert. Diese Erfahrung vollzieht sich über das rituelle Leben, das infolgedessen eine ontologische Bedeutung gewinnt. Die Erfahrung des jüdischen Jahres wäre nicht »subjektiv«, sondern eine erneute Kontraktion der Zeit, ergriffen von der Ewigkeit, die Antizipation der Ewigkeit selbst. Das jüdische Jahr wiederholt bei den verschiedenen Festen die verschiedenen Momente des Kosmischen Tages – Morgen, Mittag, Abend – Schöpfung, Offenbarung, Erlösung. Es ist eine Erfahrung der Zeit, die für Rosenzweig ebenso grundlegend ist wie die der Uhren oder der politischen Geschichte und die nicht nach deren Maßgabe interpretiert werden darf. Man muß hier auf Rosenzweigs sehr schöne und scharfsinnige Analysen verweisen, die unter dem Titel »L'Année juive« in der Sondernummer der *Table Ronde** erschienen sind, in einer Übersetzung, die wiederum auf einer englischen Übersetzung beruht und aus diesem Grund dem Original nicht gerecht wird.

Die Religion muß sich als Essenz des Seins Rosenzweig zufolge notwendig durch das Judentum und das Christentum und notwendig durch beide manifestieren. Die Wahrheit des Seins ist so strukturiert, daß die partielle Wahrheit des Christentums die partielle Wahrheit des Judentums voraussetzt, doch jedes muß in seiner Integrität als absolut gelebt werden, und ihr Dialog kann

* März 1958; es handelt sich um Auszüge aus *Der Stern der Erlösung* (A.d.Ü.)

nicht, ohne die absolute Wahrheit zu verfälschen, in den Menschen die wesentliche Trennung des Dialogs überwinden. Der Jude muß also auch aus christlicher Sicht Jude bleiben. Und deshalb schreibt Rosenzweig, der im Begriff ist zu konvertieren, seinem Freund, der die gute Nachricht erwartet: »Es scheint mir nicht mehr notwendig und daher (...) nicht mehr möglich.« Rosenzweigs Huldigung des Christentums liegt das Verharren des Juden Rosenzweig im Judentum zugrunde. Und nun beginnt das jüdische Leben Rosenzweigs.

Rosenzweig ist einer der wenigen jüdischen Philosophen, der dem Christentum nicht nur einen grundlegenden Platz in der geistigen Entwicklung der Menschheit zugestand, sondern es durch seine Weigerung, Christ zu werden, anerkannte. Das Leben eines authentischen Juden leben heißt die absolute Wahrheit bezeugen. »Die menschliche Wahrheit ist stets meine Wahrheit.« Die Wahrheit schlechthin, in der Judentum und Christentum sich vereinen, ist in Gott. Die Art und Weise, wie der Mensch die Wahrheit besitzt, besteht nicht darin, sie in Gott zu betrachten, sondern sie durch sein Leben zu bewähren. *Die menschliche Wahrheit, die christliche wie die jüdische, ist Bewährung.* Sie besteht darin, sein Leben zu riskieren, indem man sie als Antwort auf die Offenbarung lebt, das heißt als Antwort auf die Liebe Gottes. Aber der Mensch kann nur durch das ewige Leben darauf antworten als Jude, oder durch den ewigen Weg als Christ. Beide Arten sind notwendig. Es gibt nur zwei Arten. Jeder muß authentisch einzig nach seiner Art leben. *Die menschliche Wahrheit ist ein von einem Leben abgelegtes Zeugnis* der göttlichen Wahrheit des Endes der Zeiten. Rosenzweig nennt diese Theorie der Wahrheit die »Theorie der messianischen Erkenntnis«.

Noch einmal, die Liebe Gottes zum Menschen, die die Liebe des Menschen zum Nächsten hervorruft, ist Offenbarung, das heißt Manifestation der Wahrheit. Die Erkenntnis dieser Wahrheit durch den Menschen ist seine erlösende Liebe. Aber die Liebe ist nur einem besonderen, das heißt sterblichen Sein möglich. Gerade als sterbliches hat es teil an Gottes Ewigkeit. »Daß jeder Augenblick der letzte sein kann, macht ihn ewig.«

Die Liebe, die stärker ist als der Tod, ist die biblische Formel, die Rosenzweig aufgreift, um auf das Gesetz des Todes zu antworten, mit dem er sein Buch eröffnet, ein Buch, das zum Leben führt.

*

Wie kann ein Leben aussehen, das aus einem solchen Buch hervorgeht? Vielleicht werden Sie sich über die sichtliche Bescheidenheit dieses Lebens wundern. In Frankfurt, wo er sich niederläßt, gründet Rosenzweig einen Hausstand. Er verzichtet auf die Universitätskarriere. Das zu schaffende Werk läuft darauf hinaus, als Jude die Wahrheit zu bezeugen, im ewigen Leben zu bleiben, für den Bestand der jüdischen Gemeinschaft zu sorgen. Rosenzweig gründet in Frankfurt ein jüdisches Lehrhaus. Es geht darum, zu den Quellen zurückzukehren, wieder Hebräisch zu lernen, jenes Hebräisch, von dem man in der deutsch-jüdischen guten Gesellschaft lediglich wußte, daß es, nach dem pittoresken Ausdruck von Rosenzweigs Arzt, Dr. Richard Koch, »die ursprüngliche Form des schlechten deutschen Akzents« ist. Dieses Lehrhaus stellte das Problem guter Vortragender, guter Schüler; und das lief in der bürgerlichen Gesellschaft Frankfurts nicht von selbst, zumindest von dem Augenblick an nicht, als Rosenzweig krank wurde. Denn dieses Leben nahm plötzlich eine unheilvolle Wende. Sollten sich hier in diesem Saal Ärzte befinden, so werden sie die Schwere der Krankheit, an der Rosenzweig litt, beurteilen können. Im Alter von vierunddreißig Jahren wird er von einer amyotrophen Lateralsklerose mit fortschreitender Bulbarparalyse befallen. Eine furchtbare Krankheit, der man im allgemeinen sehr schnell erliegt. Rosenzweig gelang es, acht Jahre mit dieser Krankheit zu leben. Aber schon sehr bald konnte er sich nicht mehr bewegen und nicht mehr sprechen. Um es ihm zu ermöglichen, sich mitzuteilen und sogar zu schreiben, hatte man einen Spezialapparat gebaut, der es ihm erlaubte, mit einem kaum wahrnehmbaren Zeichen, das nur seine Frau zu erkennen vermochte, die Buchstaben anzudeuten, die sein Denken wiedergaben. Während dieser Zeit machte er sich an die Übersetzung der Gedichte von Jehuda Halevi und, zusammen mit Martin Buber, an die Bibelübersetzung und schrieb zahlreiche Aufsätze, die inzwischen in einem besonderen Band versammelt sind.*

* Franz Rosenzweig, *Zweistromland*, a. a. O.

Sein Haus wird zu einem offenen jüdischen Haus, aber auch zu einem Haus, in dem nach und nach alle rituellen Vorschriften befolgt werden und ihr Leben und ihren Sinn zurückgewinnen. Zahlreiche alte und neue Freunde sorgen für die Verbindung zwischen diesem eingeschlossenen Mann und der Welt. Die strenge Orthodoxie, zu der Rosenzweig gelangt war, bleibt dem Wesen nach liberal. Professor Ernst Simon, ein enger Freund Rosenzweigs, bezeugt es in einer kleinen Schrift, die Rosenzweig in Deutschland zu seinem ersten Todestag gewidmet war.* Rosenzweig war liberal in seiner Auffassung der Schriften. Anders als die Orthodoxie glaubte er nicht an die Mosaizität des Pentateuch und ließ die Probleme der Bibelkritik gelten. Er meinte jedoch, daß diese Kritik die Authentizität der jüdischen Botschaft nicht in Frage stelle, und das berühmte R., mit dem die Kritiker den mutmaßlichen Verfasser jedes heiligen Textes bezeichnen, las er als die Initiale des Namens Rabbenu, unser Meister. Was immer der Ursprung dieser Texte sein mag, aufgrund ihrer inneren Bedeutung sind sie authentisch. Ist die Konvergenz dieser angeblich disparaten Texte nicht noch wunderbarer als ihr Ursprung am Berge Sinai?

Rosenzweig war auch in praktischer Hinsicht liberal. Er sagte, daß es unmöglich sei, in den Riten zwischen dem Göttlichen und dem Menschlichen zu unterscheiden. Daß aber trotz der Erklärung der Soziologen und Ethnographen über ihre Gültigkeit die Riten für den, der sie praktiziert, eine nicht mitteilbare Wahrheit besäßen, die indes nicht weniger wahr sei als die soziologischen Wahrheiten. Die Gesamtheit der Tradition, die ihm für ein jüdisches Leben notwendig zu sein schien und die es zu einer Vorwegnahme der Ewigkeit macht, forderte er nicht von jedem Juden im besonderen, er verlangte sie vielmehr von ganz Israel. Der einzelne konnte im Erbe der Tradition eine Auswahl treffen. Doch Ernst Simon zufolge hat Rosenzweig alles gewählt. Er war orthodox aus Liberalismus. Beim Liberalismus hängt alles von demjenigen ab, der wählt.

Was ist über die Person Rosenzweigs in dieser Zeit der Reife zu sagen? Hier das Zeugnis seines Arztes, Dr. Richard Koch: »Er war der erste Mensch, den ich trotz feinster Bildung und schärf-

* *Franz Rosenzweig. Ein Buch des Gedenkens.* Berlin 1930.

stem Denkem unanstößig wieder von Gott, von der Ewigkeit und von der Bestimmung des Menschen sprechen hörte. Er tat das nicht naiv, und gerade das unterschied ihn von anderen und hob ihn über sie hinaus. Zugleich sah ich in ihm den ersten Juden, der alle Unfreiheit des Ghettos überwunden hatte. Sein Judentum war weder düster und unheimlich, noch Ausfluß irgendeiner Pietät. Es war frei und männlich, erquicklich und schön. Hier versagten alle Definitionen jüdischen Wesens, die mir bekannt waren. Hier gab es insbesondere keine Problematik, die sonst aller Erklärungen jüdischen Wesens Kern ist.«* So gewiß ist es, daß sich das Judentum durch äußerste Ruhe und Gelassenheit definieren läßt, obwohl es in der Gegenwart für viele durch Zerrissenheit und Unruhe definiert ist. Worin besteht, von Rosenzweigs Verständnis des Judentums her, die Position des Juden in der Gemeinschaft? Der Jude ist ewig, der Jude tritt nicht wie die anderen Menschen in die Welt ein. Wie soll dieses abgetrennte Leben konkret gelebt werden?

Jeder Einzelne muß seine eigene Lösung finden! Rosenzweig sieht für die Vollendung des jüdischen Schicksals keine bequemen Wege. »Wie weit der Jude an dem Leben der Völker teilnimmt, das schreibt nicht er sich, sondern das schreiben sie ihm vor«, sagt Rosenzweig in einem Brief. »Für den Einzelnen ist da Vieles (...) eine Frage des Taktes, bisweilen des Gewissens. Ich persönlich (...) stelle mich zum Staat rein pflichtmäßig (legal), habilitiere mich deshalb nicht an seiner Universität, trete nicht als Kriegsfreiwilliger ein, sondern gehe zu dem internationalen Roten Kreuz, verlasse es da ich die Möglichkeit dazu habe, als der Staat meinen Jahrgang einberuft und ich mir sagen muß, daß ich ohne meine freiwillige Beschäftigung beim Roten Kreuz jetzt legaliter vom Staat beansprucht würde (...). Zur deutschen Kultur habe ich ein intensives Dankbarkeitsverhältnis.« (*Briefe*, S. 691 f.)

»Aber daß wir *überhaupt* irgendwie am Leben der Völker (...) passiv teilnehmen«, schreibt er im selben Brief, »das ist unvermeidlich, wenn anders wir überhaupt leben sollen (und daran hängen wir [...] nicht aus Lebenshunger, sondern aus Lebens-

* Richard Koch. (Erinnerungen an Franz Rosenzweig). In: Frankfurter Israelitisches Gemeindeblatt 5, 8. Jg., Januar 1930, S. 180.

pflicht). (...) Aber neben diesem, im tiefsten Sinn unsittlichen, Leben nach außen gibt es ein rein jüdisches Leben nach innen, alles was eben der Erhaltung des Volks, seines ›Lebens‹ (...) dient.« Diese Lebensformen treten nicht in Zusammenhang mit den sichtbaren Formen der Welt, »sondern erst indem sie alle zusammen den Juden im Ganzen aufbauen und ihn bei seiner Art Leben (...) erhalten, erst dadurch wirken sie, fermentativ, auf das Christentum und durch es hindurch auf die Welt.« Ist das jüdischer Partikularismus? Seien Sie unbesorgt, für Rosenzweig ist der zionistische Nationalismus ebensowenig auf der Höhe jenes metaphysischen Partikularismus wie die Assimilation an die historischen Nationen. Aber nicht über den Zionismus will ich zu Ihnen sprechen.

Zum Schluß möchte ich nun zeigen, inwiefern die Gestalt Rosenzweigs sowie Rosenzweigs Denken aktuell sind, nicht in dem Sinne, wie die Ereignisse aktuell sind, sondern so, wie die Lebensfragen aktuell sind, die sich dem Juden stellen und die die Ereignisse lediglich verschleiern.

Ich habe nicht versucht, einen Vortrag über Philosophie zu halten, trotz des etwas schwierigen Teils meiner Rede. Er war notwendig, um zu zeigen, daß wir bei Rosenzweig eine Antwort auf eine entscheidende Frage finden können: existiert das Judentum noch? Heute morgen hatte ich trotz dem äußerst lebhaften Interesse, mit dem ich den Vorträgen lauschte, den Eindruck, daß die große Klippe, auf die das Judentum von heute stößt, nicht erwähnt worden ist. Kein Jude kann heute ignorieren, daß die Ereignisse und Ideen eben die Tatsache in Frage stellen, daß er Jude ist.

Warum? Ich glaube nicht, daß es an den politischen und religiösen Kräften liegt, die uns feindlich gegenüberstehen. Ich sagte vorhin, daß Rosenzweig das Christentum deshalb akzeptiert, weil es im Grunde nicht mehr imstande ist, unsere jüdische Existenz in Frage zu stellen.

Erst heute morgen sahen wir ja deutlich, daß die Erneuerung des Christentums – die angebliche Erneuerung des Christentums – auf die Juden ermutigend wirkt. Nicht das Christentum also bedroht fortan unsere Existenz, weder der Atheismus noch die Wissenschaft, ja nicht einmal die philosophischen Wissenschaften, die zu einem bestimmten Zeitpunkt die Authentizität der grundlegenden Texte zu kompromittieren schienen. Das sind

Kindheitskrisen, Kinderkrankheiten, Adoleszenzkrankheiten, die man sich im Lauf allzu frivoler und unvorsichtiger Kontakte zugezogen hat. Sein oder Nichtsein, die Frage stellt sich uns heute aufgrund einer bestimmten Geschichtsauffassung, die dem Judentum seinen ältesten Anspruch aberkennt. Das Verschwinden dieses Anspruchs des jüdischen Bewußtseins käme dem Ende des Judentums gleich.

Dieser älteste Anspruch ist sein Anspruch, abseits der politischen Geschichte der Welt zu existieren. Es ist der Anspruch, diese Geschichte zu beurteilen, das heißt den Ereignissen gegenüber frei zu bleiben, welch innere Logik sie auch verbinden mag; es ist der Anspruch, ein ewiges Volk zu sein.

Diese Ewigkeit Israels ist nicht das unerklärliche Wunder eines Überlebens. Nicht weil es wunderbarerweise überlebt hat, maßt es sich eine Freiheit gegenüber der Geschichte an. Sondern weil es von vornherein die Rechtsprechung der Ereignisse abzulehnen verstand, konnte es sich als Einheit des Bewußtseins durch die Geschichte hindurch erhalten.

Dies ist der alte Anspruch, ohne den das Judentum nicht einmal zum Status einer Nation unter den Nationen zurückkehren kann, weil es an die großen Nationen der Welt zu sehr gebunden ist und weil es, bis in seine Volksschichten hinein, zu reif ist, um allen Ernstes ein neues Luxemburg, einen neuen Libanon, ein neues Kanaan schaffen zu wollen. Was diesem Anspruch, ein ewiges Volk zu sein, zu Leibe rückt, ist die Erhöhung des Urteils der Geschichte, als sei es der letzte Richtspruch über jedes Sein, ist die Behauptung, die Geschichte sei das Maß aller Dinge. Das Urteil eines Bewußtseins über die Ereignisse, die Erfolg haben, über die Ereignisse, die wirksam, objektiv sichtbar sind, wäre, dieser Erhöhung der Geschichte zufolge – wie Sie wissen –, nichts weiter als eine subjektive Illusion, die sich vor dem Urteil der Geschichte in Schall und Rauch auflösen wird.

In dieser Konzeption gibt es kein ewiges Volk, das gegenüber der Geschichte frei zu leben vermöchte. Jedes Volk ist Teil der Geschichte, hat in ihr sein ganz bestimmtes Wesen, um auf seine Weise zum universalen Werk beizutragen, das es umfaßt, übersteigt und in dem es infolgedessen am Ende versinkt und verschwindet. Ewig wäre die universale Geschichte selbst, die das Erbe der toten Völker in sich aufnimmt.

Die Partikularität eines Volkes ist mit seiner Endlichkeit identisch. Es ist die Hegelsche Logik, die dieser Ankündigung des Verschwindens zugrunde liegt. Die Partikularität eines Dings ist ja nur in bezug auf ein Ganzes von Bedeutung, und so verkündet man im Namen der Hegelschen Logik das notwendige Verschwinden eines Volkes, denn alles Endliche muß enden.

Die berühmte Unabhängigkeit der Juden gegenüber der Geschichte wird auch als subjektive Illusion dargestellt. Um durch die Geschichte hindurch zu überleben, hat das jüdische Volk, so heißt es, schlicht und einfach die historischen Bedingungen der Existenz akzeptiert; die Gesetze der Ökonomie konnten nicht beschworen werden, weil das Volk glaubte, eine gesonderte Existenz zu haben. Die sich ankündigende Industriegesellschaft, in der die ganze Menschheit sich wiederfinden wird, wird auch das jüdische Volk umfassen. Zu glauben, man sei eine gesonderte Realität, wäre also ein subjektiver Glaube, und seine rein subjektive Bedeutung verrät sich in der heutigen Zeit, wo sich die reale Kurve der Ereignisse abzeichnet.

Diese Wertschätzung der Geschichte wird von jedem von uns in dem Bemühen erlebt, zum Sinn der Geschichte nicht in Widerspruch zu geraten, was letztlich darauf hinausläuft, den Ereignissen den Sinn unseres Lebens abzuverlangen. Die Philosophie, so wie Hegel sie zusammenfaßt, sie begreift und krönt, würde gerade damit enden, die individuellen und kollektiven Willensäußerungen, so wie sie real, das heißt wirksam sind, einer vernünftig strukturierten Totalität einzuverleiben, in der diese lebendigen Willensäußerungen durch ihre Werke vertreten sind, doch in der diese Werke ihre wahre – das heißt sichtbare – Bedeutung nicht mittels der subjektiven Absichten ihrer Urheber erhalten, sondern mittels der Totalität, der einzigen, die einen realen Sinn hat und ihn verleihen kann. Die Absichten der Urheber und somit alles, was die Juden von sich selbst denken, um zum Judentum zurückzukehren, unsere ganze *Haggada* sowie unsere ganze *Halacha* wären nichts anderes als eine Altweibergeschichte, Thema für eine Soziologie oder eine Psychoanalyse des Judentums. Das Judentum wäre nicht wahr in dem, was es gewollt hat, sondern in dem Platz, den die universale Geschichte ihm gelassen hätte. Heutzutage Jude sein wollen heißt also – noch bevor man an Moses und an die Propheten glaubt – das

Recht haben zu denken, daß die Bedeutung eines Werks wahrer ist aufgrund des Willens, der es gewollt hat, als aufgrund der Totalität, in die es eingefügt ist, und, noch brutaler, daß der Wille in seinem persönlichen und subjektiven Leben kein Traum ist, dessen Werk und Wahrheit erst der Tod zu inventarisieren erlaubt, sondern daß das lebendige Wollen des Willens unabdingbar ist für die Wahrheit und das Verständnis des Werks. Eben dies ist der Sinn des Beitrags von Rosenzweig – Bruch der Totalität, mit dem sein Werk begann –, die Ersetzung der Gesetze des totalisierenden Denkens der Philosophen und der Industriegesellschaften durch Haltungen des Lebens als Strukturen des Absoluten.

Es gibt für die Geschichte noch ein anderes Mittel, die Existenz des jüdischen Volks in Frage zu stellen. Neben ihrer Interpretation durch Hegel und Marx, wo sie unausweichlich einem Ziel zuzustreben scheint, gibt es eine Interpretation, der zufolge sie nirgendwohin führt: alle Zivilisationen wären gleichwertig. Der moderne Atheismus ist nicht die Negation Gottes. Er ist die absolute Indifferenz der *Traurigen Tropen*. Meines Erachtens ist dieses Buch das am meisten atheistische Buch, das in unseren Tagen geschrieben wurde, das absolut desorientierteste und desorientierendste Buch. Es bedroht das Judentum ebensosehr wie die Hegelsche und die soziologische Geschichtsauffassung. Die Drohung betrifft natürlich nur dasjenige Bewußtsein, das sie zu verwirren vermag. Eher den einzelnen Israeli als ganz Israel. Aber in Frankreich wird das Judentum des einzelnen Israeli von drei Juden, drei großen Werken verwirrt, von Eric Weil, Raymond Aron und Claude Lévi-Strauss.

Was immer man von Rosenzweigs Analyse des jüdischen Bewußtseins, des jüdischen Jahres halten mag, sie erlaubt uns, im Namen der Philosophie selbst, den angeblichen Notwendigkeiten der Geschichte zu trotzen. Daß das rituelle Jahr und das Bewußtsein seiner die Ewigkeit antizipierenden Zirkularität nicht nur eine ebenso gültige Erfahrung ist wie die Zeit der Geschichte und die Weltgeschichte, sondern in *Wahrheit* dieser Zeit »vorausgeht«, daß die Herausforderung der Geschichte ebenso real sein kann wie diese Geschichte, daß die Partikularität eines Volkes sich von der Singularität eines vergänglichen Dings unterscheidet, daß sie der Anhaltspunkt des Absoluten sein kann – eben dies lehrt uns Rosenzweig. Was immer Sie von seiner Antwort halten mögen, er stellt die Frage, die sich ein Jude in der heutigen Zeit als erste stellen muß.

Die Idee, daß das jüdische Volk ein ewiges Volk ist, die Rosenzweig so pathetisch verficht, ist die innere Erfahrung des Judentums. Der *Midrasch* bezeugt sie heiterer und lächelnder und verrät uns vielleicht ihren letzten Sinn. Aus dem Hause Abrahams verstoßen, irren Hagar und Ismael in der Wüste umher. Der Wasservorrat ist erschöpft. Gott öffnet Hagar die Augen, und sie erblickt einen Brunnen und gibt ihrem sterbenden Sohn zu trinken. Die Engel protestieren bei Gott: willst Du etwa demjenigen zu trinken geben, der Israel später Leid bringen wird? Was tut das Ende der Geschichte zur Sache, sagt der Ewige, ich richte jeden danach, was er ist, und nicht danach, was er werden wird. Die Ewigkeit des jüdischen Volkes ist nicht der Hochmut eines durch Verfolgungen überreizten Nationalismus. Die Unabhängigkeit gegenüber der Geschichte bekräftigt das Recht des menschlichen Bewußtseins, eine Welt, die in jedem Augenblick für das Urteil reif ist, zu beurteilen, noch vor dem Ende der Geschichte und unabhängig von diesem Ende, das heißt eine mit Personen bevölkerte Welt.

Freiheit des Worts*

Chruschtschow verleugnet also den Bericht über Stalin, den die Presse im letzten Jahr veröffentlichte, den die öffentliche Meinung einhellig ihm zuschrieb und den er bislang noch nie dementiert hatte.

Dieser Text, der von so manchen vermuteten oder bekannten Tatsachen berichtete, hinterließ freilich einen unüberwindbaren Eindruck des Befremdens. Das lag vielleicht daran, daß die angeprangerten Tatsachen die Aufrichtigkeit der Wörter selbst bloßstellten, die sie zwar geißelten, jedoch fortsetzten. Noch niemals hatte diese von den Logikern im Abstrakten konstruierte Grenzsituation in der historischen Wirklichkeit so vollständig Gestalt angenommen. Die Unermeßlichkeit des Realen, mit dem es so weit gekommen war – seine peinigende und im Denken der Menschen zentrale Präsenz –, raubte endlich einem intellektuellen Taumel seine subtile Affektiertheit. Das ununterbrochene Anwachsen der kommunistischen Partei, ihre Eroberung der Welt, die schneller vonstatten ging als die Ausbreitung des Christentums und des Islams, ihr katholischer Umfang, der Glaube, das Heldentum und die Reinheit ihrer Jugend, ihr Anknüpfen – auf theoretischer Ebene – an die großen humanistischen Ideen, auf die sie sich in letzter Instanz beruft – ohne sich je, wie der Faschismus, in der philosophischen Maskerade des als Böses verkleideten Guten und des sich für das Gute ausgebenden Bösen zu versuchen –, das alles hat uns daran gewöhnt, in dieser Bewegung die Schritte des Schicksals selbst zu vernehmen.

Diesem Mythos war an der Wolke gelegen, die das Gehirn umgab und erhöhte, in dem dieser unaufhaltsame Fortschritt sich frei von jedem Irrtum wähnte. Hier verloren die Widersprüche ihre Absurdität. Die Ungläubigen, die Hellsichtigen, die Querulanten empörten sich, »urteilten von hoch oben herab« und lachten – jedoch häufig ohne Selbstvertrauen. Und plötzlich verlor eine Religion ihre Geheimnisse und zugleich ihre Unfehlbarkeit. Die revolutionäre Bewegung kehrte nach dreißig Jahren

* Erschienen in *Les Lettres Nouvelles*, 1957, Nr. 51.

mythologischer Größe zum natürlichen und menschlichen Maß zurück. Der bisher epische Kampf setzte sich nun den strategischen und taktischen Ungewißheiten aus. Ersetzten die geistigen Risiken und Gefahren nunmehr für die Aktivisten nicht die Gewißheit der schlichten Seelen? Und mußten diejenigen, die nicht engagiert waren und sich, zumindest in Europa, unwohl fühlten – so wie Leute, die im Zug der Geschichte mit dem Rücken zur Lokomotive sitzen –, nicht alle ihre Chancen wiederfinden? Für sie lautete die Neuigkeit: die Geschichte hat keinen Sinn. Diejenigen, die den Schlüssel zu ihrem letzten Rätsel besaßen, verirrten sich wie Nichteingeweihte. Die Totalität zerbarst. Aber schon kündigte sich eine noch umfassendere Totalität an, die diese Erschütterung abfangen sollte. Die Rehabilitierung der Opfer des Stalinismus blieb ebenso befremdlich wie die Moskauer und Prager Prozesse, wo sie auf Geständnisse hin verurteilt worden waren. Das Zerwürfnis und die Aussöhnung mit Tito schienen zum selben Ereignis zu gehören. Togliatti, der gegen die sowjetischen Führer polemisierte, war fast ebenso halluzinierend wie der Wald von Dunsinan, der auf Macbeth zumarschiert und ihn lähmt. Chruschtschows Dementi und die Ereignisse, die das restliche Jahr ausfüllten, sollten den Bruch des Systems annullieren.

Der verwirrendste Umstand der Entstalinisierung ist der absolute Mißkredit der Sprache, die sie im Maßstab einer kollektiven Erfahrung wiederaufleben läßt. Man kann den Worten nicht mehr glauben, denn man kann nicht mehr sprechen. Nicht, daß die Freiheit des Worts im größten Teil der Welt noch unerfüllt bleibt oder daß die Menschen sich ihrer bedienen, um zu lügen. Man kann nicht mehr sprechen, weil niemand seine Rede beginnen kann, ohne sofort etwas ganz anderes zu äußern als das, was gesagt wird. Psychoanalyse und Soziologie belauern den Sprechenden. Die Wörter sind Symptome oder Überbauten. So daß die Schreie und Gebärden des Erwachens Teil des Alptraums sind, den sie unterbrechen sollten.

Das berühmte und hellsichtige abendländische Bewußtsein ist sich nicht mehr sicher, ob es sich im Wachzustand befindet. Sein Zweifel an der Wirklichkeit der Bilder, die es betrachtet, verleiht ihm nicht die Kraft, sich von Fiktionen zu befreien. Dieser Verdacht, der sich in seinen Traum einschleicht, gibt ihm weder das

Licht noch die Umrisse wahrer Dinge zurück. Ich denke und vielleicht *bin* ich nicht. Die Mystifikation wird gebrandmarkt, jedoch in einer neuen Mystifikation, und die Negation der Negation ist keine Bejahung. Ein Traum schiebt sich in den anderen und erzählt sich den Personen des nächsten Traums, in dem der erste sich auflöst. Wie in den – bereits so kafkaesken – *Spielern* von Gogol sind alle Karten gezinkt, alle Domestiken bestochen, und jeder Versuch, den Knoten eines unentwirrbaren Knäuels zu durchschneiden, bewirkt nichts anderes, als den Faden einer schrecklichen Kontinuität neu zu knüpfen. Durch tausend Ritzen sickert das Falsche in eine Welt, die unfähig ist, sich zu besinnen. In der Herberge haben die Betrüger einen abgefeimten Betrüger übers Ohr gehauen, indem sie die Ehrlichen spielten und ihre Karten offenlegten. Die vollendete Lüge überwinden heißt nicht sich dem Wahren verpflichten, sondern über die Grenzen hinaus lügen. Immer ist einer noch schlauer als man selbst!

Dieses Unendliche der Lüge ist eine Unfähigkeit, Schluß zu machen. Der politische Totalitarismus beruht auf einem ontologischen Totalitarismus. Das Sein wäre ein Ganzes. Sein, wo nichts endet und nichts beginnt. Nichts widersetzt sich ihm, und niemand richtet es. Ein anonymes Neutrum, ein unpersönliches Universum, ein Universum ohne Sprache. Man kann nicht mehr sprechen, denn wie soll man den Wert eines Satzes garantieren, wenn nicht durch einen anderen Satz, für den indes niemand bürgt?

In dieser Welt ohne Wort erkennt sich das ganze Abendland wieder. Von Sokrates bis Hegel verfolgte es das Ideal der Sprache, in der das Wort nur durch die ewige Ordnung zählt, die es auf das Bewußtsein zurückführt. Eine Strecke, an deren Ende der sprechende Mensch sich als Teil einer Rede fühlt, die sich spricht. Der Sinn der Sprache hängt nicht mehr von den Absichten ab, die sie hineinlegt, sondern von der kohärenten Rede, der der Sprechende lediglich seine Zunge und seine Lippen leiht. Nicht allein der Marxismus, sondern jede Soziologie und jede Psychoanalyse zeugen von einer Sprache, in der die Hauptsache nicht in dem liegt, was die Wörter uns mitteilen, sondern in dem, was sie uns verbergen. Verriegelte Sprache, Zivilisation von Menschen, die die Sprache verloren haben. Wörter sind damit wieder zu den stummen Zeichen der anonymen Infrastrukturen geworden, gleich den Geräten der toten Zivilisationen und den Fehlleistungen unseres täglichen Lebens. Vor lauter Kohärenz hat das Wort die Sprache verloren. Von nun an hat kein Wort mehr genügend Autorität, um der Welt das Ende seiner eigenen Verkommenheit anzukündigen.

Glaubhaft ist nur das Wort, das sich seinem ewigen Kontext entreißt, um auf die menschlichen Lippen zurückzukehren, die es sagen, um von Mensch zu Mensch zu fliegen, um über die Geschichte zu urteilen, statt ihr Symptom oder ihre Folge oder ihre List zu bleiben. Wort einer Rede, die *absolut* in demjenigen beginnt, der sie hält, und die zu einem *absolut* getrennten Anderen geht. Gebieterisches Wort, das Europa nicht mehr zu verstehen vermag. Wort, das entscheidet.

Und in diesem ganz präzisen Sinne – ohne jeden Geruch von Heiligkeit – prophetisches Wort.

Judentum und Gegenwart*

In den Kleinlichkeiten des Alltags ähnelt eine menschliche Gemeinschaft nicht ihrem Mythos. Dennoch folgt sie einer hohen Berufung durch ihre Intellektuellen (ihre Alten), die auf die *Seinsgründe* achten, und durch ihre Jugend, die bereit ist, sich für Ideen aufzuopfern, das heißt extremistischer Ideen fähig ist. Die Westjuden der Jahre zwischen 1945 und 1960 haben ihr Wesen nicht dadurch zu erkennen gegeben, daß sie konvertierten, den Namen änderten, Geld zurücklegten oder Karriere machten. Sie haben den Widerstand fortgesetzt, im absoluten Sinn des Wortes. Die Karriere schließt weder die Strenge des Intellekts noch den Mut aus, der überall schwierig ist. Die Jungen entwurzelten sich, um nach Israel zu gehen oder um zu leben wie in Orsay, wie in Aix, wie in Fublaines; oder sie akzeptierten auf anderen Wegen unmenschliche Dogmatismen auf ein einfaches Versprechen hin, den Menschen zu befreien. Die Juden in der Aktualität zu situieren, führt somit zu einer radikalen Reflexion. Ihre Sprache ist nicht immer Lüge. Wir möchten diese Analyse mit aller Zurückhaltung und Vorsicht versuchen, die ein solches Thema gebietet, wenn es in einem Zeitschriftenaufsatz erörtert wird. Denn ohne diese summarische Untersuchung würde sich die Position des Judentums in der zweiten Hälfte des Jahrhunderts erneut auf die endlose Frage des Antisemitismus reduzieren.

Religiöses Zeitalter oder Atomzeitalter – diese Merkmale der modernen Welt, ob Slogans oder Verwünschungen, verbergen eine tiefere Orientierung. Trotz der Gewalt und dem Wahnsinn, die sich vor unseren Augen abspielen, leben wir in der Stunde der Philosophie. Bei ihrer Tätigkeit werden die Menschen von der Gewißheit gestützt, *recht zu haben*, sich in Einklang zu befinden mit den berechenbaren Kräften, die die Dinge wirklich bewegen, in die *Richtung* der Geschichte zu gehen. Das genügt ihrem guten Gewissen. Über den Fortschritt der Wissenschaft hinaus, die das vorhersehbare Kräftespiel in der Materie entdeckt, würden sich sogar die menschlichen Freiheiten (bis hin zu den Gedanken, die

* Erschienen in *L'Arche*, 1960.

sich dieses Spiels bewußt werden) durch eine rationale Ordnung regeln. Auf dem Grund des Seins vergraben, würde sie sich enthüllen und sich am hellen Tag begründen, trotz der Unordnung der zeitgenössischen Geschichte, hinter den Leiden der einzelnen sowie hinter ihren Gelüsten, ihren Leidenschaften und ihren Siegen. Die sich ankündigende planetarische Industriegesellschaft würde alle Widersprüche beseitigen, die die Menschheit zerreißen – aber damit auch das Gewissen des Menschen. Die Vernunft erhebt sich wie eine phantastische Sonne, die die Opazität der Geschöpfe durchsichtig macht. Menschen, die ihre Schatten verloren haben! Nichts mehr ist in der Lage, dieses Licht, das sogar das Innere der Seienden vernichtet, zu absorbieren oder zu reflektieren.

Diese Heraufkunft der aus der Philosophie hervorgegangenen Vernunft – und darin liegt die Originalität der Epoche – ist nicht die Eroberung der Ewigkeit, die dem Logos der antiken Weisheit verheißen war. Die Vernunft erhellt kein Denken, das sich den Ereignissen entreißt, um sie im Dialog mit einem Gott zu beherrschen, nach Platon dem einzig gültigen Gesprächspartner. Im Realen begegnet man nichts im wilden oder reinen Zustand, alles ist bereits vom Menschen geformt, umgewandelt oder durchdacht worden, sogar die Natur, der Himmel und der Wald. Die Elemente erreichen uns über eine Zivilisation, eine Sprache, eine Literatur, eine Industrie, eine Kunst. Das Intelligible ist in dem Abdruck zu lesen, den die Arbeit der Sterblichen auf den Dingen hinterläßt, in den Perspektiven, die die dem Untergang geweihten Städte und Reiche eröffnet haben. Fortan ist im Epos oder im Drama der Intelligenz der Mensch zuerst Handelnder, bevor er Denker ist. Die Realität erscheint – das heißt erstrahlt in intelligiblem Licht – in der Geschichte, in die jedes menschliche Unternehmen sich einfügt, Werk endlicher Freiheiten, die infolgedessen ihre Projekte verraten, indem sie sie verwirklichen, und ihr Werk nicht beherrschen. Das Schicksal des Individuums besteht darin, zum angegebenen Zeitpunkt eine Rolle im Drama der Vernunft zu spielen, und nicht darin, dieses Drama zu umfassen.

Wichtig ist, authentisch zu sein, und nicht, im Wahren zu sein, sich zu engagieren, und nicht, zu erkennen. Die Kunst, die Liebe, die Handlung gewinnen die Oberhand über die Theorie. Talent ist mehr wert als Weisheit und Selbstbeherrschung. Hat ein jüdischer Intellektueller jenseits des Kanals nicht vor einigen Jahren in seinen Vorträgen quer durch England dadurch großen Erfolg errungen, daß er den Wert des Judentums am Talent und an der Originalität der entjudaisierten Juden maß?

In dieser Nachsicht für die Sterblichkeit, die man historisches Bewußtsein nennt, geht es für jeden einzelnen darum, die gewiß vergängliche, aber einzigartige Stunde abzuwarten, auf der Höhe der ablaufenden Zeit zu sein, den Ruf zu erraten, den sie an ihn richtet. Dem Ruf des vergänglichen Augenblicks antworten! Man darf nicht zu spät kommen. So wie der Engel, der dem Midrasch zufolge vor dem Thron des Ewigen in einem einzigen Augenblick, dem seinen, in der ganzen Ewigkeit Gottes nur ein einziges Lied zu singen hatte. Als Antagonist Israels hatte er eine schlimme Begegnung und eine gerechte Geschichte in der Nacht, die dem einmaligen Augenblick seines Schicksals vorausging.

Am Tag nach der Befreiung ringen die Juden mit dem Engel der Vernunft, der sie oft umwarb und sie seit zwei Jahrhunderten nicht mehr losläßt. Trotz der Erfahrung mit Hitler und den Enttäuschungen der Assimilation *ertönt die große Berufung des Lebens gleich dem Appell der universalen und homogenen Gesellschaft.* Es geht nicht darum zu entscheiden, ob der Modernismus des heutigen Lebens mit der Beachtung des Sabbats und der rituellen Ernährung vereinbar ist oder ob man das Joch des Gesetzes erleichtern soll. Diese wichtigen Fragen stellen sich den Menschen, die sich bereits für das Judentum entschieden haben. Sie wählen zwischen der Orthodoxie und der Reform, je nach den Ideen, die sie sich von der Strenge, dem Mut und der Pflicht machen. Die einen sind nicht notwendig Heuchler, die anderen gehen nicht immer den Weg der Bequemlichkeit. Aber es ist ein Familienstreit.

Das jüdische Bewußtsein befindet sich jedoch nicht mehr an diesem Punkt. Wie ein Haus ohne *Mesusa* ist es nun ein abstrakter Raum, den die Ideen und die Hoffnungen der Welt durchqueren. Nichts hält sie auf, da nichts sie empfängt. Noch der geheimste Winkel des Innern löst sich auf unter ihrem unwiderstehlichen Druck. Das Judentum der Diaspora hat kein Innen mehr. Es ist sehr weit in eine Welt eingedrungen, der es sich indes widersetzt. Widersetzt es sich ihr?

Denn die Vernunft, die der Engel (oder der Verführer) ausstrahlt, befreit von allen Partikularismen. Die alten Dinge, die zusammenbrechen, verwirren unsere verschwommenen Träume. Erfüllt sich damit nicht ein größerer, ein mannhafter Traum? An die Stelle des wohlfeilen Optimismus des 19. Jahrhunderts, der keinen Zugriff auf das Reale hatte, an die Stelle des Idealismus des Vereinzelten und Wirkungslosen tritt eine Verwandlung des Seins, das seinen Adel aus seiner Aufmerksamkeit für das Reale bezieht, eine Logik ohne Kompromiß und ohne Ausnahme, intolerant und universal wie eine Religion. Die große Bedeutung, die die Wandlung der Dinge und der Gesellschaften für die Menschen gewinnt, sowie die Aufmerksamkeit, die die etablierten Religionen den Wandlungen des diesseitigen Lebens schenken, definieren unsere Zeit. Vielleicht waren das Religiöse und das Profane noch nie so wenig voneinander getrennt. Wie soll man danach den Winden widerstehen, die die jüdische Persönlichkeit in ihrem Wirbel mitreißen? Wenn die Vernunft für die privilegierten Offenbarungen die Totenglocke läutet, lockt sie dann nicht wie der Gesang der Sirenen? Wird das Judentum das Banner erheben gegen das, was man tautologisch freies Denken nennt, gegen seine Leistungen in der konkreten Welt? Hat es nicht, gegen die aus ihm hervorgegangenen Religionen, am persönlichen Heil gezweifelt, das von der Erlösung des sichtbaren Realen zu trennen ist? Jene haben leichtes Spiel. Sie bringen übernatürliche Wahrheiten, Sakramente und Tröstungen, die keine Wissenschaft zu spenden vermag. Die Vernunft, die die Welt erobert, läßt ihnen eine Exterritorialität. Das Judentum vereint die Menschen in einem Ideal irdischer Gerechtigkeit, dessen Verheißung und Erfüllung der Messias ist. Die Ethik ist seine ursprünglichste religiöse Regung. Es gründet keine Kirche um transethischer, endgültiger Zwecke willen. Es unterscheidet beharrlich »Messianismus« und »zukünftige Welt«. Alle Propheten weissagten nur von den messianischen Tagen; von der zukünftigen Welt aber heißt es: »Kein Auge außer dir, o Gott, hat je geschaut, was er dem bereiten wird, der auf ihn harrt« (Sanhedrin 99a).

Dieser Kampf mit dem Engel ist also befremdlich und zwiespältig. Ist der Gegner nicht ein Double? Ist diese Umschlingung nicht eine Drehung um sich selbst? Ist es ein Kampf oder eine

Umarmung? Sogar im beeindruckendsten Kampf Israels um seine Persönlichkeit – sogar in der Errichtung des Staates Israel, sogar in seinem Ansehen, das es bei den Seelen von überall genießt – bleibt die erhabene Zweideutigkeit bestehen: will man sich in der modernen Welt behaupten oder seine Ewigkeit in ihr ertränken?

Denn es geht um Israels Ewigkeit, ohne die es kein Israel gibt. Der Kampf ist real. Die moderne Vernunft, die die Welt verwandelt, bedroht das Judentum auf noch nicht dagewesene Weise. Dabei hat es schon allerhand erlebt. Die Kosmologie und die Wissenschaftsgeschichte hatten zu ihrer Zeit das Wissen der Bibel gefährdet, die Philologie hatte den außergewöhnlichen Charakter der Bibel selbst in Frage gestellt, die sich im Meer der Texte auflöste, in den Strudeln, die sein unendliches Wogen bildet. Diese Angriffe beantwortete die Apologetik mit der Diskussion der vorgebrachten Argumente. Aber die Gläubigen konnten ihnen vor allem die Verinnerlichung der religiösen Wahrheiten entgegenhalten. Was liegt daran, daß die Wissenschaft die biblische Kosmologie Lügen straft, wenn es in der Bibel gar keine Kosmologie gibt, sondern nur Bilder, die für eine unerschütterliche innere Gewißheit notwendig sind, Gestalten, die zu der bereits im Absoluten sich befindenden religiösen Seele sprechen? Was liegt daran, daß die Philologie und die Geschichtswissenschaft den angeblichen Zeitpunkt und Ursprung der heiligen Texte anfechten, wenn diese Texte so viele innere Werte besitzen! Die heiligen Funken der individuellen Offenbarungen konnten das Licht erzeugen, auch wenn sie zu den verschiedensten Zeiten der Geschichte sprühen sollten. Das Wunder der Konvergenz ist nicht minder wunderbar als das Wunder einer einzigen Quelle. Die Ewigkeit fand sich in der Festung des inneren Lebens wieder, wo Israel auf einem unerschütterlichen Felsen stand.

Doch nun denunziert das moderne Denken die Ewigkeit Israels, indem es das innere Leben selbst als Ort der Wahrheit in Frage stellt. Die Wahrheit zeigt sich von nun an in der Entwicklung der Gesellschaften, Voraussetzung jeder Idee, die einem individuellen Gehirn entspringt. Einzig Schimären und Ideologien kommen ohne gesellschaftliche Grundlagen aus. Was an der jüdischen Offenbarung vernünftig ist, soll vom ökonomischen und sozialen Determinismus herrühren. Die Ideen, die innere Überzeugungskraft besitzen, entstehen in einem unpersönlichen und anonymen Werden, das die Menschen erfaßt. Die Vernunft gebraucht ihnen gegenüber nur Finten. Sie meinen zu denken, während sie ihre Absichten ausführen. Die Weissagungen entstehen durch das Spiel der historischen Kräfte wie das Erdöl oder der synthetische Gummi in den Laboratorien.

Diesmal erodieren die Wogen der vernünftigen Geschichte den Felsen Israels selbst. Dies ist die Erosion des Absoluten.

Nun ist aber diese Ewigkeit Israels nicht das Privileg einer hochmütigen oder zu Illusionen neigenden Nation. Sie hat eine Funktion in der Ökonomie des Seins. Sie ist dem vernünftigen Werk selbst unerläßlich. Muß in einer nunmehr historischen Welt nicht jemand ebenso alt sein wie die Welt? Die jeden Halts beraubte moderne Welt hat ein Gefühl der Frustration. Verlangt die Gerechtigkeit, um derentwillen sie sich auf die Vernunft berief, nicht den Rückzug auf festen Boden, eine Innerlichkeit, eine Person? Die Person ist der Gerechtigkeit unerläßlich, bevor sie sich selbst unerläßlich ist. Die Person bedarf der Ewigkeit. Die hellsichtigsten Denker, sogar in unserer Zeit, haben nach ihr gesucht. Jene, die auf das Engagement im Werk Sartres pochen, vergessen, daß seine hauptsächliche Sorge darin besteht, innerhalb des Engagements vom Engagement abzurücken. Sie mündet in einen Nihilismus in seinem edelsten Ausdruck – Negation des höchsten Engagements, das für den Menschen seine eigene Essenz ist.

Aber angesichts der von der Existenz gestellten Probleme Ballast abwerfen, um immer höher über die Realität hinwegfliegen zu können, führt zur Unmöglichkeit der Opferung, das heißt zur Selbstvernichtung. Hier fügt sich das Judentum in die moderne Welt ein. Es fügt sich in sie ein, indem es sich in ihr vom Engagement lossagt und die Unberührbarkeit einer Essenz behauptet, die Treue zu einem Gesetz, einen Rigorismus. Was keine Rückkehr zum Status des Dings bedeutet, denn diese Treue bricht den billigen Zauber von Ursachen und Wirkungen, über den zu urteilen nunmehr möglich ist.

Das Judentum ist eine Nicht-Koinzidenz mit seiner Zeit, in der Koinzidenz: im radikalen Sinn des Wortes ein *Anachronismus*, die Gleichzeitigkeit einer Jugend, die das Reale beachtet und darauf brennt, es zu verändern, und eines Alters, das, da es alles schon gesehen hat, zum Ursprung der Dinge zurückkehrt. Die Sorge, sich seiner Zeit anzupassen, ist nicht der höchste Imperativ des Menschlichen, sondern bereits ein charakteristischer Ausdruck der Moderne selbst; sie ist Verzicht auf die Innerlichkeit, auf die Wahrheit, Ergebenheit in den Tod und, bei den niederen Seelen, Zufriedenheit im Genuß. Der Monotheismus und seine moralische Offenbarung bilden, jenseits jeder Mythologie, die konkrete Vollendung des ursprünglichen Anachronismus des Menschlichen.

Er liegt tiefer als die Geschichte, er erhält von ihr nicht seinen Sinn, er wird nicht ihre Beute. Daher sucht er seine Befreiung gegenüber der Zeit nicht im Status toter Zivilisationen, eines antiken Griechenlands oder Roms. Diese entgehen nicht einmal in ihren Gräbern dem Einfluß der Ereignisse. »Wenn ich sterben werde«, sagte Rabbi Josse ben Kisma zu seinen Schülern, »vergrabt meine Überreste tief in der Erde, denn an jede Palme Babylons wird einst ein persisches Pferd angebunden sein, und es wird in Israel keinen Sarg geben, aus dem nicht ein medisches Pferd Hafer fressen wird.«

Das Judentum, voller Verachtung für diese falsche Ewigkeit, wollte stets eine Simultaneität von Engagement und Abrücken vom Engagement sein. Der in seinem Leben am tiefsten engagierte Mensch – derjenige, der niemals schweigen kann, der Prophet – ist auch der getrennteste, am wenigsten imstande, zur Institution zu werden. Nur der falsche Prophet hat eine offizielle Funktion. Der Midrasch erzählt gern, daß Samuel im Laufe seiner Wanderungen durch Israel jede Einladung ablehnte. Stets führte er sein Zelt und seine Gerätschaften mit sich. Und die Bibel treibt diese Idee der Unabhängigkeit, auch der ökonomischen, bis zu der Vorstellung des von Raben ernährten Propheten Elia.

Aber dieser wesentliche Inhalt, an den die Geschichte nicht zu rühren vermag, läßt sich nicht wie ein Katechismus erlernen und nicht wie ein *Credo* zusammenfassen. Er beschränkt sich auch nicht auf die negative und formale Aussage eines kategorischen Imperativs. Der Kantianismus ersetzt ihn nicht. Noch weniger wird er durch irgendein Privileg oder ein rassisches Wunder gewährt. Er wird in einer Lebensweise erworben – durch Ritus und Großmut des Herzens –, in der menschliche Brüderlichkeit und Aufmerksamkeit für das Gegenwärtige sich mit einer ewigen Distanz gegenüber dem Zeitgenössischen versöhnen. Er ist eine Askese, das heißt eine Herausbildung von Kämpfern. Er wird erworben und erhält sich schließlich in jenem besonderen Typus des intellektuellen Lebens, nämlich im Studium der Thora, der ständigen Wiederaufnahme und Erneuerung des Inhalts der Offenbarung, wo alle Situationen, die das menschliche Abenteuer durchläuft, beurteilt werden können. Und eben dies ist die Offenbarung: die Würfel sind nicht gefallen, die Propheten oder die Weisen des Talmud wissen nichts von Antibiotika und Kernenergie; aber die für das Verständnis all dieser Neuheiten notwendigen Kategorien stehen dem Monotheismus bereits zur Verfügung. Er ist der ewige Vorrang der Weisheit vor der Wissenschaft und der Geschichte. Ohne ihn käme der Erfolg der Vernunft gleich und die Vernunft der Notwendigkeit, mit seiner Zeit zu leben. Wird die souveräne Ablehnung des Erfolgs und der Mode von den Mönchen ausgehen, die dem Kaiser geben, was des Kaisers ist? Oder von der Linken, die nicht bis zum Äußersten zu gehen wagt, zu dem ihr politisches Denken sie treibt, die grundlos, wie von Schwindel erfaßt, am Rand ihrer eigenen Schlußfolgerungen stehenbleibt?

Nicht der Messianismus fehlt einer Menschheit, die so schnell bereit ist, zu hoffen und ihre Hoffnungen in allem wiederzuerkennen, was verspricht, sich aufbaut und den Sieg davonträgt und sich als Abschluß gebärdet. Alle Nationalismen sind von nun an Träger messianischer Botschaften und alle Nationen auserwählt. Der Monotheismus ist nicht nur Abscheu vor den Götzen, sondern Gespür für die falschen Weissagungen. Es bedarf einer besonderen Geduld – des Judentums –, um die verfrühten messianischen Ansprüche abzulehnen.

Jene jungen Menschen, die ungeduldig darauf warten, vernünftig zu handeln, und dem Judentum den Rücken kehren, weil es, ein Wachtraum, sie nicht genügend über die aktuellen Probleme aufklärt, über »die vielschichtige Realität, die sich außerhalb des Judentums abspielt«, vergessen, daß das Privileg des Judentums, die reinste Lehre, die es den Menschen bringt, in der Fähigkeit liegt, die Bedeutung einer großen Welt, die sich allein durch ihr Format aufzwingt, unter Umständen zu bestreiten. Sie vergessen, daß die Offenbarung eine Klarheit, aber keine Rezepte liefert; sie vergessen, daß das Engagement allein – das Engagement um jeden Preis, das Engagement mit dem Kopf voraus, das alle Brücken hinter sich abbricht, selbst diejenige, die es ermöglichen soll, in sich zu gehen – nicht weniger unmenschlich ist als das von der Angst um die eigene Bequemlichkeit diktierte Abrücken vom Engagement, in dem eine Gesellschaft verknöchert, die die schwierige Aufgabe des Judentums in ein Bekenntnis, ein Beiwerk des bürgerlichen Komforts verwandelt hat.

Zweifellos ging es diesen Verfechtern des Engagements wie den Schülern des Rabbi Josse ben Kisma, die den Meister fragten: »Wann kommt der Sohn Davids?« Wahrscheinlich schmähten sie bereits die Unfruchtbarkeit der »halachischen« Diskussionen, die an den brennenden Problemen des Messianismus, des Sinns und des Endes der Geschichte vorbeigingen. Rabbi Josse wich aus: »Ich fürchte, ihr werdet von mir ein Zeichen verlangen.« Die Schüler werden die Weisheit des Meisters noch immer für abstrakt und allgemein halten. Sie werden bereits gedacht haben, daß sich die messianischen Tage in den Ereignissen der Geschichte ankündigen wie die Früchte in den Keimen und daß die Reife der Erlösung sich bestimmen läßt wie die Zeit der Pflaumen. Wird der Meister sprechen?

Die Schüler verlangten kein Zeichen. Und nun erzählte Rabbi Josse von der periodischen Struktur der Geschichte, dem Wechsel von Größe und Niedergang, von denen sich die messianischen Tage weder logisch noch dialektisch herleiten, in die sie sich gleichsam von außen einfügen: »Wenn dieses Tor einstürzen und wieder errichtet werden, einstürzen und wieder errichtet werden wird, und wiederum einstürzen wird, und bevor man noch dazu kommen wird, es wieder zu errichten, wird der Sohn Davids kommen.«

Verschanzt sich der Meister nicht hinter Allgemeinheiten, um den Problemen auszuweichen? Die Geschichte ist von ihren Erfüllungen getrennt, die Politik von der Moral. Die strenge Verkettung der Ereignisse garantiert nicht ihren glücklichen Ausgang. Keinerlei Zeichen ist ihnen eingeschrieben. Nun gut. Aber wird der Meister die Zeichen verweigern, deren diejenigen bedürfen, die die guten, aber falschen Nachrichten verwerfen? Woher sollte der Jude die Kraft seiner Ablehnung und die Gewißheit seines Daseinsrechts nehmen in einer von Energie- und Lebensströmen durchzogenen Welt, in der er nichts ist, die überquillt von fließenden Wassern, die aus den elementaren Tiefen aufsteigen und fröhlich die Erbauer der Staaten, Reiche und Kirchen forttragen. Das *Nein* verlangt ein Kriterium. Rabbi Josse gibt das verlangte Zeichen: »Das Wasser der Paneashöhle soll in Blut verwandelt werden. Hierauf wurde es in Blut verwandelt« (Sanhedrin 98a).

Paneas, eine der drei legendären Quellen, die nach der Sintflut offenblieben, Paneas – Quelle des Jordan. Wasser aller Enden der Geschichte, aller Nationalismen (sogar des jüdischen Nationalismus), sprudelnd gleich den unwiderstehlichen Kräften der Natur, Wasser aller Taufen und aller Auslöschungen, Wasser aller Messianismen! Die Menschen, die sehen, können ihren Blick nicht abwenden von dem unschuldigen Blut, das sie verdünnen.

Das Helle und das Dunkle*

Acht Tage lang leuchteten die Chanukka-Lichter in den jüdischen Häusern. Die Helligkeit erblühte langsam, im Rhythmus einer Melodie, die anschwillt. Ein Licht am ersten Abend, zwei Lichter am nächsten, drei am übernächsten und so weiter bis zum triumphalen Glanz des achten Abends. Bis zur sonderbaren, geheimnisvollen Nacht, die nach dieser abschließenden Illumination den Leuchter umhüllen wird. Aber dieses Licht, das zunimmt und wächst, unterscheidet sich von der Flamme, die im Herd brennt. Diese erleuchtet und wärmt den Familienkreis. Die Glut des Herdes – gastfreundlich sogar für den Vorübergehenden, den sie einlädt –, verheißt Freuden, die man zu Hause hinter verschlossenen Türen genießt. Die Chanukka-Lichter leuchten draußen. Das Gesetz empfiehlt, sie dort aufzustellen, wo das Haus zur Straße hin offen ist, wo das private Leben an das öffentliche Leben grenzt. Diese Lichter leuchten weder für eine Familie noch für ein Volk, sie bringen allen eine Botschaft. Sie laden nicht zur Intimität ein, sie machen ein Wunder öffentlich. Was ist diese Botschaft? Was das Wunder?

Handelt es sich um militärische Großtaten, die Juda Makkabi im 2. Jahrhundert vor unserer Zeitrechnung vollbrachte? Handelt es sich um seinen Sieg über Antiochus Epiphanes, der in Judäa einfiel, die Religion verfolgte und den Tempel schändete? Das Heldentum einer Handvoll Idealisten, die einer politischen Weltmacht trotzten, hat die Einbildungskraft des jüdischen Volkes begeistert. Die Erinnerung an diesen Kampf und diesen Sieg schmeichelte unserem Nationalstolz; aber sie bekräftigte auch unseren Glauben an die Überlegenheit des Schwachen, der sich seiner Gerechtigkeit bewußt ist, über den Starken, der allein seiner Stärke vertraut. Diese Erinnerung tröstete jahrhundertelang nicht nur das verfolgte Judentum. Sie stärkt zweifellos noch heute die großartigen Kämpfer des jungen Staats Israel. Und gewiß verdient sie es, veröffentlicht zu werden. Aber auch wenn sie das Wesentliche unserer Botschaft umfaßt, umfaßt sie sie ganz?

* Erschienen in *Information Juive*, Januar 1961.

Denn der Schwache, der sich in die Gewalt des Kampfes stürzt, läuft Gefahr, sich an diese Gewalt zu gewöhnen, die er einen Moment lang akzeptieren mußte. Wird er eines Tages die politischen und kriegerischen Wege verlassen, die für eine gewisse Zeit gewählt wurden? Er sieht sich in eine Welt hineingezogen, die er zerstören wollte. Die absoluten Prinzipien vorbehaltlos in einen Krieg oder einen politischen Kampf hineinziehen heißt diese Prinzipien in gewisser Weise verraten. Man müßte einen Teil, den besten von sich, vor den höchsten Kämpfen schützen. Das religiöse Denken Israels wagt es, diese siegreichen Krieger zu richten. Die Hasmonäer sollen Priestertum und politische Herrschaft in gefährlicher Weise angehäuft haben. Die Gelehrten des Talmud erkennen und brandmarken die Gefahren, die selbst der gerechten Gewalt drohen.

Die Gelehrten des Talmud, die das Chanukka-Fest in das jüdische liturgische Jahr einführten und denen wir die jährliche Zeremonie des Anzündens der Lichter verdanken, erzählen nicht die Geschichte der Hasmonäer. Sie erwähnen sie nur beiläufig. Der Talmud schweigt über die nationale Befreiung Israels zur Zeit Juda Makkabis. Er berichtet nur von einer legendären Episode (Schabbat, 21b):

Was bedeutet Chanukka? Die Meister lehren: Am 25. Tag des Monats Kislew beginnen die Tage des Chanukka-Festes. Acht Tage, an denen man keine Totenfeier halten, an denen man nicht fasten darf. Als nämlich die Griechen in den Tempel eindrangen, machten sie alle Öle unrein, die sich in ihm befanden. Als das Haus der Hasmonäer die Oberhand gewann, fand man im Tempel nur ein Krüglein reinen Öls, das mit dem Siegel des Hohenpriesters versehen war. Das Öl soll nur noch ausgereicht haben, das [im Tempel ständig brennende] Licht einen Tag brennen zu lassen. Da geschah ein Wunder: das Öl des Krügleins brannte acht Tage. Im folgenden Jahr bestimmte man diese achte Tage zu Festtagen und beging sie mit Lob- und Dankliedern.

Chanukka ist also für uns das Wunder eines Lichts, das reicher ist als die Energien, die es speisen, das Wunder des aus dem »Weniger« hervorgegangenen »Mehr«, das Wunder der Überschreitung. Der hasmonäische Widerstand ist auch dieses von seinen materiellen Quellen losgelöste Licht. Aber der talmudische Text gibt einem nationalen Krieg – einem Krieg, der eine

Kultur verteidigt – den permanenten Horizont des Wunders zurück. Es handelt sich um das tägliche Wunder des Geistes, das der Kultur vorausgeht. Es ist eine Flamme, die sich an ihrer eigenen Glut entzündet: der Genius, der das Unerhörte erfindet, obwohl alles gesagt ist; die Liebe, die entflammt, ohne daß das geliebte Wesen vollkommen ist; der Wille, der trotz den Hindernissen, die ihn lähmen, etwas unternimmt; die Hoffnung, die als grundlose Hoffnung ein Leben erleuchtet; die Geduld, die erträgt, was sie töten kann. Es handelt sich um die unendlichen Ressourcen des Geistes, der, schöpferisch, die Vorsicht der Techniken überschreitet; ohne Berechnungen, ohne Vergangenheit ergießt er sich fröhlich in den Raum, engagiert sich zweckfrei und verschwenderisch für die Sache des Anderen.

Aber der Text, den ich soeben zitierte, korrigiert diese kühne Weisheit durch eine andere Weisheit. Schöpfung, Freiheit, stetige Erneuerung. Gibt diese revolutionäre Essenz des Geistes ihr ganzes Geheimnis preis? Er weht, wo er will. Ist aber jeder Wind, der auf diese Weise weht, aufgrund dieser bloßen Mißachtung der Grenzen schon Geist? Heißt überschreiten schon überwinden? Unsere Lichter können nicht einfach grundlos brennen. Vor dem Wunder des freizügigen Lichts – und als Bedingung dieses Wunders – muß ein anderes Wunder stattfinden. Ein dunkles Wunder, das man vergißt. Man vergißt es im Glanz der wachsenden und triumphierenden Lichter. Doch hätte man in dem von den Ungläubigen geschändeten Tempel nicht ein vom Hohenpriester versiegeltes Krüglein reinen Öls gefunden, von dem niemand wußte, das jedoch all die Jahre, in denen der Leuchter leer blieb, unverdorben überdauerte, dann hätte es kein Chanukka-Wunder gegeben. Irgendwo mußte ein durchsichtiges, unversehrtes Öl erhalten bleiben.

O nächtliche Existenz, in sich selbst zurückgezogen in den engen Grenzen einer vergessenen Phiole, o Existenz, jeder zweifelhaften Berührung mit der Außenwelt entrückt, die Dauer durchlaufende lethargische Existenz, Flüssigkeit, die am Rande des Lebens schlummert gleich einer in irgendeiner verlorenen Jeschiwa bewahrten Doktrin, verborgene Existenz, in ihrem unterirdischen Refugium abgeschieden von der Zeit und den Ereignissen, ewige Existenz, chiffrierte Botschaft, von einem Geistlichen an einen Geistlichen gerichtet, spöttische Reinheit in einer den Mischungen ausgelieferten Welt! O Wunder der Tradition, Bedingung und Verheißung eines Denkens ohne Zwang, das kein Echo, kein Strudel der Epoche bleiben will.

O freizügiges Licht, das das Universum überflutet, du trinkst unser unterirdisches Leben, unser sich selbst gleiches ewiges Leben. Du feierst jene dunklen und geheimen, wunderbaren Stunden.

Heidegger, Gagarin und wir*

Es heißt, es sei dringend erforderlich, den Menschen vor der Technologie unseres Jahrhunderts zu schützen. Der Mensch habe in ihm seine Identität verloren, um wie ein Rädchen in eine ungeheure Maschinerie zu geraten, in der Dinge und Lebewesen sich drehen. Von nun an hieße *existieren* die Natur *ausbeuten*; doch im Wirbel dieses Unternehmens, das sich selbst verschlingt, gäbe es keinen Fixpunkt mehr. Der einsame Spaziergänger, der in der Gewißheit, sich selbst zu gehören, durch die Felder schlendert, sei in Wirklichkeit nur der Kunde einer Hotel- und Tourismusindustrie und, ohne sein Wissen, den Kalkulationen, Statistiken und Planungen ausgeliefert. Niemand existiere für sich.

Es ist etwas Wahres an dieser Deklamation. Die Technik ist gefährlich. Sie bedroht nicht nur die Identität der Personen. Sie läuft Gefahr, den Planeten zu sprengen. Aber die Feinde der Industriegesellschaft sind meistens Reaktionäre. Sie vergessen oder verabscheuen die großen Hoffnungen unserer Zeit. Denn noch nie war der Glaube an die Befreiung des Menschen in den Seelen stärker. Er beruht nicht auf den Erleichterungen, die die Maschinen und die neuen Energiequellen dem kindlichen Geschwindigkeitstrieb bieten; er beruht nicht auf dem schönen mechanischen Spielzeug, das die ewige Kindlichkeit der Erwachsenen in Versuchung führt. Er hängt nur mit der Erschütterung der seßhaften Zivilisationen zusammen, mit dem Abbröckeln der lastenden Schwere der Vergangenheit, mit dem Verblassen des Lokalkolorits, mit den Rissen, die alle diese sperrigen und beschränkten Dinge bekommen, an die sich die menschlichen Partikularismen anlehnen. Man muß unterentwickelt sein, um sie als Daseinsgründe zu beanspruchen und in ihrem Namen um einen Platz in der modernen Welt zu kämpfen. Die Entwicklung der Technik ist nicht die Ursache – sie ist bereits die Wirkung dieser Entleerung der menschlichen Substanz, die sich ihrer nächtlichen Schwere entledigt.

* Erschienen in *Information Juive*, 1961.

Ich denke an eine einflußreiche Strömung des modernen Denkens, die in Deutschland entstand und die heidnischen Schlupfwinkel unserer abendländischen Seele überschwemmt. Ich denke an Heidegger und die Heideggerianer. Man möchte, daß der Mensch die *Welt* wiederfinde. Die Menschen hätten die Welt verloren. Sie kennen angeblich nur die vor sie gestellte, in gewisser Weise ihrer Freiheit *entgegenstehende* Materie, sie kennen nur *Gegenstände*.

Die Welt wiederfinden heißt eine auf geheimnisvolle Weise in einem Ort zusammengekauerte Kindheit wiederfinden, sich dem Licht der großen Landschaften, der Faszination der Natur, den majestätisch hingelagerten Bergen öffnen; es heißt einen Pfad benutzen, der sich durch die Felder schlängelt; es heißt die Einheit spüren, die die Brücke stiftet, indem sie die Ufer des Flusses und die Architektur der Bauten verbindet, die Gegenwart des Baums spüren, das Helldunkel der Wälder, das Geheimnis der Dinge, eines Krugs, der abgetretenen Schuhe einer Bäuerin, das Funkeln einer Weinkaraffe auf einem weißen Tischtuch. Das *Sein* des Realen selbst würde sich hinter diesen privilegierten Erfahrungen zeigen, sich der Obhut des Menschen anvertrauend. Und der Mensch, Bewahrer des Lebens, zöge aus dieser Gnade seine Existenz und seine Wahrheit.

Die Lehre ist subtil und neu. Alles, was uns seit Jahrhunderten als etwas erschien, was der Natur vom Menschen hinzugefügt wurde, würde bereits im Glanz der Welt leuchten. Das Kunstwerk – Funkeln des Seins und nicht menschliche Erfindung – läßt diesen vormenschlichen Glanz erstrahlen. Der Mythos erzählt sich in der Natur selbst. Die Natur ist in diese anfängliche Sprache eingepflanzt, die, indem sie uns anruft, die menschliche Sprache erst begründet. Der Mensch muß fähig sein, zu horchen und zu hören und zu antworten. Aber diese Sprache zu vernehmen und ihr zu antworten besteht nicht darin, sich logischen, zum System von Erkenntnissen erhobenen Gedanken hinzugeben, sondern darin, den Ort zu bewohnen, da zu sein. Verwurzelung. Man möchte dieses Wort gern aufgreifen; aber die Pflanze ist nicht Pflanze genug, um die Vertrautheit mit der Welt zu definieren. Ein wenig Menschlichkeit, so sagt man, entferne uns von der Natur, viel Menschlichkeit führe uns zu ihr zurück. Der Mensch bewohne die Erde radikaler als die Pflanze, die ihr lediglich die Nährsäfte entzieht. Die Fabel, die die anfängliche Sprache der Welt erzählt, setzt feinere, zahlreichere und tiefere Bindungen voraus.

Da haben wir sie also, die ewige Verführung des Heidentums, jenseits der Infantilität des seit langem überwundenen Götzendiensts. *Das Heilige, das durch die Welt hindurchscheint* – vielleicht ist das Judentum nur die Negation davon. Die heiligen Pflanzungen zerstören – jetzt verstehen wir die Reinheit dieses vermeintlichen Vandalismus. Das Geheimnis der Dinge ist die Quelle jeder Grausamkeit gegen den Menschen.

Das Eingepflanztsein in eine Landschaft, die Verbundenheit mit dem *Ort*, ohne den das Universum bedeutungslos würde und kaum existierte – eben dies ist die Spaltung der Menschheit in Einheimische und Fremde. Und in dieser Perspektive ist die Technik weniger gefährlich als die Geister des *Orts*.

Die Technik beseitigt das Privileg dieser Verwurzelung und des Exils, das sich darauf beruft. Sie befreit von dieser Alternative. Es geht nicht darum, zum Nomadentum zurückzukehren, das ebenso unfähig ist wie das seßhafte Leben, einer Landschaft und einem Klima zu entrinnen. Die Technik entreißt uns dieser Heideggerschen Welt und dem Aberglauben des *Orts*. Von nun an zeigt sich eine Chance: die Menschen außerhalb der Situation wahrzunehmen, in der sie sich vorübergehend aufhalten, das menschliche Antlitz in seiner Nacktheit aufleuchten zu lassen. Sokrates zog der Landschaft und den Bäumen die Stadt vor, wo man den Menschen begegnet. Das Judentum ist ein Bruder der sokratischen Botschaft.

Bewundernswert an Gagarins Großtat ist gewiß nicht seine grandiose Nummer im Lunapark, die die Massen beeindruckt; nicht die sportliche Leistung, die anderen zu überflügeln, alle Höhen- und Geschwindigkeitsrekorde zu brechen. Weit mehr zählen die wahrscheinliche Öffnung auf neue Erkenntnisse und neue technische Möglichkeiten, der Mut und die persönlichen Tugenden Gagarins und die Wissenschaft, die diese Tat sowie all das ermöglichte, was seinerseits Selbstlosigkeit und Opferbereitschaft voraussetzt. Aber was vielleicht mehr als alles andere zählt, ist die Tatsache, den Ort verlassen zu haben. Eine Stunde lang hat ein Mensch außerhalb jedes Horizonts existiert – alles um ihn herum war Himmel, oder genauer, alles war geometrischer Raum. Ein Mensch existierte im Absoluten des homogenen Raums.

Das Judentum ist in bezug auf die Orte stets frei gewesen. Damit blieb es dem höchsten Wert treu. Die Bibel kennt nur eine Heilige Erde. Märchenhafte Erde, die die Ungerechten ausspeit, Erde, in der man nicht ohne Bedingungen Wurzeln faßt. Wie schlicht ist das Buch der Bücher in seinen Beschreibungen der Natur! – »Land, wo Milch und Honig fließen.« – Die Landschaft wird in Worten der Nahrung erzählt. In einem beiläufigen Satz: »Es war gerade die Zeit der ersten Trauben« (Num. 13, 20), leuchtet für einen Augenblick eine Traube auf, die in der Glut einer freigebigen Sonne reift.

O Tamariske, die Abraham in Beer-Schewa pflanzte! Einer der wenigen »individuellen« Bäume der Bibel, der in seiner Frische und in seiner Farbe auftaucht, um inmitten so vieler Wanderungen durch so viele Wüsten die Einbildungskraft zu bezaubern. Aber Vorsicht! Der Talmud fürchtet vielleicht, daß wir uns von ihrem Gesang im Südwind einfangen lassen und darin den Sinn des Seins suchen könnten. Er reißt uns aus unseren Träumen: Tamariske ist ein Sigel; die drei Buchstaben, deren es bedarf, um ihren Namen auf hebräisch zu schreiben, sind die Anfangsbuchstaben der Wörter für Nahrung, Getränk und Wohnung, drei Dinge, die der Mensch braucht und die der Mensch dem Menschen anbietet. Dazu ist die Erde da. Der Mensch ist ihr Herr, um den Menschen zu dienen. Bleiben wir Herren des Geheimnisses, das sie atmet. In diesem Punkt entfernt sich das Judentum vielleicht am meisten vom Christentum. Die Katholizität des Christentums integriert die rührenden kleinen Hausgötter in den Heiligenkult, in die lokalen Kulte. Indem es sie sublimiert, behält das Christentum die verwurzelte Frömmigkeit bei, die sich von den Landschaften und den Erinnerungen der Familien, der Stammesgruppen, der Nationen nährt. Deshalb eroberte es die Menschheit. Das Judentum hat die Götzenbilder nicht sublimiert, es hat ihre Zerstörung gefordert. Wie die Technik hat es das Universum entmystifiziert. Es hat die Natur entzaubert. Durch seine abstrakte Universalität verletzt es Phantasien und Leidenschaften. Aber es hat den Menschen in der Nacktheit seines Gesichts entdeckt.

Hegel und die Juden*

Professor Bourgeois aus Lyon analysiert Hegels Betrachtungen über das Judentum und das Christentum**, wie sie in seinen Frankfurter Schriften dargelegt sind. Mit einigen Veränderungen sollten sie sich in das System einfügen, dessen Hegel sich in Jena voll bewußt wurde. Um seine Tragweite zu verstehen, möge man uns gestatten, mit einigen pedantischen Sätzen zu beginnen.

Das Hegelsche System stellt den Abschluß des Denkens und der Geschichte des Abendlands dar, verstanden als Umschlagen eines Schicksals in Freiheit, wobei die Vernunft alle Realität durchdringt oder in ihr zur Erscheinung kommt. Ein unerhörtes Unternehmen! Das universale Denken darf sich nicht mehr – im Kopf einiger Intellektueller – vom Individuellen trennen, das es intelligibel macht. Ein *getrenntes* Allgemeines ist nicht mehr allgemein, sondern abermals etwas Besonderes. Es muß sich von seiner Trennung trennen; das Allgemeine, aus dem Unterschiedenen identifiziert, muß im Unterschiedenen bleiben, dem es entnommen wurde – es muß, berühmten Formulierungen zufolge, *Identität von Identität und Nichtidentität* oder *konkretes Allgemeines* oder *Geist* bleiben. Eine Terminologie, die gewiß den Biedermann erschreckt! Aber sie kündigt ein Wissen an, das nicht in Spezialisierung erstarrt, eine Idee, die nicht Abstraktion bleibt, die mit ihrer Form – ihrer *Entelechie* – das Reale selbst beseelt. *Die Realisierung einer Idee gehört mit zu ihrer Intelligibilität!* Die Geschichte der Menschheit, durch Religionen, Zivilisationen, Staaten, Kriege und Revolutionen hindurch, ist nichts anderes als dieses Eindringen – oder diese Offenbarung – der Vernunft in das Sein, lange bevor das Denken des Philosophen sich dessen bewußt geworden ist, indem er das System formulierte.

Daher Hegels Bemühen in Frankfurt, Judentum und Christentum zu situieren, sie dem System anzupassen und gleichzeitig das

* Erschienen im Bulletin der jüdisch-christlichen Freundschaft in Frankreich, Oktober-Dezember 1971.

** Vgl. Bernard Bourgeois, *Hegel à Francfort ou Judaisme, Christianisme, Hégelianisme*, Vrin, Paris 1970.

System dem Realen und der Geschichte anzupassen. Das System geht von einer Erhöhung des griechischen Geistes aus: das Besondere, das sich in der Polis »bei sich« fühlt. Eine noch besondere Harmonie; die moderne Welt realisiert sie im Allgemeinen. Das Judentum und das Christentum würden deren wichtige Etappen markieren. Der letzte Sinn der Moderne wäre also im wesentlichen griechisch. Bernard Bourgeois legt mit vollendeter Meisterschaft alle diese Perspektiven und alle Bewegungen der Hegelschen souveränen Vernunft in diesen Perspektiven dar.

Weder das Judentum noch das Christentum befinden sich also am Ende des Wegs; sie tragen zur endgültigen Wahrheit bei und enthalten gleichzeitig hinfällige Aspekte. Diese kommen in Hegels kritischer Rede zum Ausdruck. Das Christentum, die vorletzte Etappe der Geschichte, wird mit Formulierungen beschrieben, in denen der Christ von heute sich vielleicht nicht immer wiedererkennt, bei denen ihn jedoch nichts verletzt, vor allem, wenn das Alte Testament ihm nichts mehr bezeugt. Was das Judentum betrifft, so drückt sich die kritische Rede, sowohl in den Schriften Hegels wie in der Zusammenfassung von Bourgeois, in einer ganzen Doktrin aus, die die Argumentation – ist sie deren Quelle oder ist sie, trotz Hegels Größe, ihre Konsequenz? – erhärtet, von der bis in unsere Tage der Antisemitismus zehrt. Gewiß, bei Hegel soll es sich um eine »*besondere* Vorwegnahme der *allgemeinen* Kritik des politischen Naturalismus oder Nationalismus gehandelt haben, die später in Hegels System der Reifezeit entwickelt wird« (S. 117); sie beträfe das Judentum nur insoweit, als es im Leben des Geistes das Stadium kennzeichnet, in dem »die (geistige) Allgemeinheit und die (natürliche) Besonderheit getrennt sind« (S. 54). Daraus folgt jedoch zunächst, daß »der jüdische Geist die Negation des Geistes ist« (ebd.). Und daraus folgen virulente Formulierungen, deren zweideutige Termini die Feinde der Juden weder begreifen noch vor allem begreiflich machen werden. Ein im System – ebenso kann man sagen: im Absoluten – begründeter Antisemitismus. Was für ein Fund!

Wenn man die dialektischen Werkzeuge der Deduktion beiseite läßt – Anderes, Natur, Negativität usw. –, findet man, völlig nackt, die wohlbekannten – alten und zum Teil neueren – Themen wieder. Die Trennung von Allgemeinem und Besonderem, in der das Judentum verharren würde, bedeutet *Herrschaft*, »denn Feindseliges kann nur in die Beziehung der Herrschaft kommen« (S. 36 f.). »Der Akt, durch den Abraham das jüdische Volk gründet, ist ein Akt der Trennung, des Zerreißens aller Bande mit der Umgebung« (S. 38): »Kadmos, Danaos usw. hatten ebenfalls ihr Vaterland, aber im Kampf, verlassen; sie suchten einen Boden auf, wo sie frei wären, um lieben zu können; Abraham wollte *nicht* lieben und darum frei sein« (ebd., Anm.). Und Bourgeois kommentiert (S. 39): »In diesem Sinne ist das Judentum die absolute Antithese des Hegelschen Ideals der Freiheit, die Verwirklichung des Häßlichen, so wie der Hellenismus die Verwirklichung der Schönheit war (...). *Abrahams Existenz ist also die eines Wesens, das sich von der Natur als Liebesobjekt trennt und sie als Objekt des Bedürfnisses bestimmt* (...). Der Jude ist keiner Idee verhaftet, ›sondern einer animalischen Existenz‹. Mit einem Wort, Abraham oder das Judentum sind im Grunde der Rückfall in die Tierheit.« Und (S. 40): »Leben, sich durch die Befriedigung seiner Bedürfnisse erhalten, bleibt für Abraham also das Wesentliche (...). Damit war Abrahams Existenz ganz und gar von der ausschließlichen Sorge um seine eigene Erhaltung, seine eigene Sicherheit in allen natürlichen Schicksalsschlägen beherrscht (...). Abraham – ein Tier, das überlegt – überlegt eben als Tier.« Der Gott Abrahams ist »lediglich die Verabsolutierung seiner trägen Tierheit, seines passiven Materialismus« (S. 43).

Eine widernatürliche Position voller Widersprüche. Sie beschert dem Judentum ein tragisches Schicksal, das Hegel erkennt. Aber »das große Trauerspiel des jüdischen Volkes ist kein griechisches Trauerspiel, es kann nicht Furcht noch Mitleid erwecken, denn beide entspringen aus dem Schicksal des notwendigen Fehltritts eines schönen Wesens; jenes kann nur Abscheu erwecken« (S. 53 f.).

Wenn man dieses Repertoire liest – das wir abkürzen, um nicht ganze Seiten aus diesem Buch abzuschreiben –, fragt man sich, ob die Schrift *Zur Judenfrage* von Marx, die Lenin nie zitierte, lediglich eine Unwissenheit der realen Strukturen der jüdischen Massen im 19. Jahrhundert widerspiegelt, ob sie sich nicht der osmotischen Kenntnis der Frankfurter Philosophie Hegels und der Unmöglichkeit des Mitleids verdankt, das sie lehrt; ob nicht sogar Hitlers Propaganda mit vollen Händen aus diesem Fundus schöpfte, den uns, *ohne sich im mindesten davon zu distanzieren*, ein französischer Akademiker hohen Ranges im Jahre 1970 wieder öffnet. Wir verstehen die Sorge um Objektivität, die den Gelehrten beseelt, aber weiß er überhaupt, daß das Judentum, wenn es eine Bewegung von Ideen ist, die (vielleicht) im Christentum eingeschlossen und (vielleicht) im Hegelianismus »beseitigt« und »aufgehoben« ist, daß das Judentum auch, ob zu Recht oder zu Unrecht (aber gewiß), für Millionen seiner Zeitgenossen Credo oder Spiritualität oder Solidaritätsprinzip oder Lebensgrund und, in jedem Fall, Todesursache für Millionen seiner Zeitgenossen bleibt? Sollte es den Philosophiehistorikern in diesem Maße an unmittelbarem Gedächtnis und an Aufmerksamkeit für die Gegenwart mangeln? Was die aus Abraham hervorgegangenen Monotheismen betrifft, die sich in seinem väterlichen Schoß versöhnen, so sind sie übel dran!

Gewiß, angesichts der Hegelschen Rede kann man nicht leicht die Stimme erheben. Nicht nur, weil das Denken sich einschüchtern läßt, sondern weil die Sprache zu fehlen scheint. Nichts ist lächerlicher, als über Hegel »eine Meinung zu äußern«, ihn – um ihn herabzusetzen oder zu glorifizieren – zu den Mystikern oder den Romantikern, zu den Antisemiten oder den Atheisten zu zählen. Nicht mit Hilfe der approximativen Termini unserer Alltagssprache, und sei sie universitär, läßt sich derjenige begreifen, der es lediglich gestattet, Worten einen gültigen Sinn zu verleihen. Welch armselige Sprache sprechen wir doch! Sie hat keinen Anfang. Kein Wort ist das erste. Jedes verlangt zu seiner Definition nach weiteren, die noch zu definieren bleiben. Wir drücken uns in einer Sprache aus, die ihre Grundlagen nicht gefestigt hat. Wir begnügen uns damit, ins Blaue zu reden. Eine große Philosophie ist vielleicht nur eine Sprache, die wie durch ein Wunder in Griechenland einen gerechtfertigten Ausgangspunkt fand – oder ihn sich irgendwie schuf. Ihre Rede ist fortan in der Lage, die Wahrheit aller anderen Reden auszusprechen. Wunder – oder Wahn – des Abendlands. Quelle seiner Wissenschaft? Ich weiß es nicht. Aber seit Hegel benutzen wir eine neue Stilfigur: die Philosophie *sagt die Wahrheit* über: über eine Kunst, über eine Politik, über eine Religion. Hegel wie später Marx und heutzutage Freud *sagen die Wahrheit* über unsere Zuneigungen und über unsere Gewißheiten unseres Innenlebens.

Falls man – angesichts der offenkundigen Phantastereien, denen sich im Namen seiner erhabenen Schemata derjenige hingibt, der wahrscheinlich der größte Denker aller Zeiten ist – sich nicht fragt, ob die Sprache vielleicht ein anderes Geheimnis birgt als jenes, das die griechische Tradition ihr bringt, und eine andere Sinnquelle hat; ob die vermeintlichen »Vorstellungen« – die sogenannten »Nicht-Gedanken« – der Bibel vielleicht mehr Möglichkeiten enthalten als die Philosophie, die sie »rationalisiert«, jedoch nicht von ihnen Abschied zu nehmen vermag; ob der Sinn nicht von den Schriften abhängt, die ihn erneuern; ob das absolute Denken fähig ist, Moses und die Propheten zu umfassen; das heißt, ob es nicht angebracht ist, das System, und sei es rückwärts, durch eben die Tür zu verlassen, durch die man es, wie Hegel meint, betritt.

Ausschließlichkeit*

Sich von den Partikularismen zu befreien, bedeutet für die Erben der griechisch-römischen Welt, die eigenen Gewißheiten entweder in der Diskussion oder im Krieg mit den Gewißheiten der anderen zu konfrontieren.

Der Morgen der Wahrheit graut und die erste Geste der Universalisierung zeichnet sich ab, wenn ich mir der kohärenten Reden bewußt werde, die, von der meinigen unterschieden, neben mir gehalten werden, und wenn ich nach einer gemeinsamen Sprache suche. Das Leben der Wahrheit und ihre Ausbreitung lassen sich auf diese Weise als ein Leben in der Gemeinschaft, als eine Politik begreifen. Den anderen achten heißt vor allem sich auf seine Meinungen beziehen.

Jede Rede erweitert sich im Kontakt mit jeder anderen. Bei ihrem Zusammenstoß verlieren die verschiedenen Behauptungen viel von ihrer Rauheit. Sogar der Krieg zeugt noch von dieser Leidenschaft der Konfrontation. Er verlangt vom Besiegten Anerkennung und Einverständnis. Es gibt nur Religionskriege. Der Imperialismus ist ein Universalismus.

Ist zwischen den aus den Partikularismen hervorgegangenen Kriegen und der Gewalt derer, die sie in einem Staat verringern wollen, nicht Platz für einen absolut pazifistischen und apolitischen Universalismus? Er bestünde darin, die Menschen zu lieben, statt sich um ihre Reden zu kümmern, die eigene Wahrheit nicht aus den Splittern der aufeinanderprallenden Meinungen zu bilden, in der Aufeinanderfolge der menschlichen Verrücktheiten keinen Fortschritt der Vernunft und in den hinfälligen Institutionen der ephemeren Staaten keine ewigen Strukturen zu sehen. »Jedes Ding verachten und jeden Menschen lieben« – eine Devise, die Léon Brunschvicg in den Tagebüchern seiner Jugend wählte; sind die Meinungen nicht *das Ding* im Menschen?

Ein abtrünniger Jude stellte Rabbi Abahu einmal folgende Frage, deren Ironie man errät: »Wann wird der Messias kommen?« Und Rabbi Abahu antwortete: »Wenn Finsternis eure

* Erschienen in *Information Juive*, November 1961.

Leute umfangen wird.« Was zu Beginn des vierten Jahrhunderts unserer Zeitrechnung als klägliches Versagen des universalistischen Geistes wirken mußte. »Du fluchst mir also!« rief in der Tat Rabbi Abahus Gesprächspartner. Aber der Gelehrte berief sich auf einen Schriftvers (Jesaja 60, 2): »Denn siehe, Finsternis bedeckt die Erde und Dunkel die Völker; doch über dir geht leuchtend der Herr auf, seine Herrlichkeit erscheint über dir.«

Die vom Judentum gelehrte Wahrheit verbreitet sich nicht, indem sie die in allen menschlichen Zivilisationen verstreuten Wahrheitsteilchen in ihre Katholizität einschließt. Vielleicht verbreitet sie sich gerade deshalb so wenig.

Die Idee einer im selben Schicksal vereinten brüderlichen Menschheit ist eine mosaische Offenbarung, die sich unter christlicher Flagge an den entferntesten Gestaden durchsetzte. Aber – und warum es bestreiten? – die Form, in der dieser ursprüngliche Universalismus im jüdischen Denken und in der jüdischen Sensibilität auftaucht, ähnelt nicht jenem gewaltigen Prozeß der Assimilierung des Verschiedenartigen, gegenseitiger Zugeständnisse und Kompromisse – und seien es Synthesen –, die eher als politisches Werden ablaufen denn als Fortschreiten einer Wahrheit, der sich alle vernünftigen Wesen anschließen. Zweifellos ist gerade dies der Sinn der geheimnisvollen Lehrfabel, in der Moses für Israel die Ausschließlichkeit der göttlichen Gegenwart fordert. Er will bereits die Wahrheit weder der politischen Geschichte noch der vergleichenden Ethnographie zu verdanken haben.

Man kann beruhigt sein, das Licht ist nicht allein Israel vorbehalten, und die Dunkelheit nicht dem Rest der Menschheit. Moses war davon ebenso überzeugt wie wir. Rabbi Abahu, der den 2. Vers des 60. Kapitels Jesaja zitiert, kennt auch den 3. Vers, der das Licht Israels allen Nationen und allen Staaten der Erde verheißt. Aber für ihn kann dieses Licht nicht leuchten, solange die Produkte des politischen Determinismus locken und verführen, als wären sie die Erleuchtung der Realität selbst. Der faule Zauber muß enden. Der prophetische Kampf gegen den Götzendienst gilt nicht den Statuen aus Stein und Holz, sondern jenem Trugbild unendlich wiederholter Lichter. Vielleicht bedeutet Israel in erster Linie die Gesamtheit der von dieser faszinierenden Halluzination befreiten Menschen.

Sein Denken nicht durch den Krieg aufzwingen, aber im Kontakt mit vielfältigen Zivilisationen auch nicht die Zusammenstöße anstreben, denen die Helligkeit entspringt – das trägt dem prophetischen Judentum den Ruf des Partikularismus ein, den nichts zu erschüttern vermag. Er erschreckt sogar den modernen Juden. Die Universalität der Ausstrahlung, die die prophetische Wahrheit indes beansprucht, wird somit verkannt. Die Verachtung für das Wuchern der Meinungen und die politischen Fanatismen, denen sie entspringen (oder die sie inspirieren), beruht auf der Liebe zu den Menschen, denen sich die Wahrheit zuweilen in der Mahnung und sogar der Schmähung zeigt, aber niemals mit Gewalt, niemals in vermischter Form.

Die Hartnäckigkeit, die somit darauf verwandt wird, die historischen Gegebenheiten zu ignorieren, kann sich jedoch nur im Mut eines Verzichts und einer völligen Abkehr vom Engagement als authentisch erweisen. Das bedeutet konkret: Unsicherheit und Opfer zu sein. Das war das Schicksal des Judentums vor der Emanzipation. Die Emanzipation führte es zur Geschichte zurück. Es erkannte die Vernunft in den Reden dieser Welt und verzichtete auf die Unsicherheit seiner Lage. Es verließ die Zwischenräume des Seins. Hier kündigte sich unstreitig die wichtigste Revolution seines inneren Lebens an. Die Aufmerksamkeit, die der Welt – und ihrem politischen Werden – geschenkt wurde, hatte ihre Ursache weitgehend in dem neuen Geist, der über das Europa von 1789 zu wehen begann, wo sich die Weissagungen erfüllten. Aber die Geschichte, der sich die Emanzipation auf diese Weise stellte, ging in der jüdischen Seele sofort über den Sinn hinaus, den sie in diesen Erfüllungen sah. Fortan erschien ihr die Geschichte in all ihren Erscheinungsformen sinnvoll; fortan nahm der Jude an den Ereignissen teil, strebte nach Verantwortung und, auf der Ebene des Gewöhnlichen, nach den »Wohltaten der Zivilisation«. Fortan drängte sich allen seinen Glaubensinhalten die *Konfrontation* auf.

Er verglich seine Gewißheiten mit allen Folkloren der Welt. Auf diese Weise erlischt der prophetische Universalismus. Wie soll man eine Geschichte richten, auf die man sich einläßt? Wie kann man der Welt angehören und, ohne wahnsinnig zu sein, die beiden Termini der Alternative verwerfen, welche die Ereignisse aufzwingen?

Die Aktualität ablehnen, ohne das – fortan hassenswerte – Exil zu akzeptieren: das klingt falsch wie ein ohnmächtiger und verbaler Moralismus. Nichts ist lächerlicher als der eingesessene Jude, dessen Herz an allen Nichtigkeiten der Welt hängt, der schwierige Lehren vergißt, sich jedoch immer noch für ein prophetisches Bewußtsein hält. Wie seriöser erscheint dagegen ein Wille, der sowohl auf jene maßlosen Gefahren und jene Auserwähltheit verzichtet, um sich Gefahren im Maßstab der Geschichte und der politischen Tat zu stellen.

Nur folgendes ist zu bedenken. Von Zeit zu Zeit unterbrechen merkwürdige Dämmerungen die aufgeklärte Geschichte, das Licht zerfällt in zahllose flackernde und vieldeutige kleine Flammen, der Boden wird einem unter den Füßen weggezogen, die Ereignisse beginnen sich im Teufelskreis um ein erneut heimatlos gewordenes Bewußtsein zu drehen. Und Gewißheiten, die die Konfrontation in den Wind schlagen, steigen aus vergessener Tiefe empor.

Zu dieser Ausgabe

Die Aufsätze *Ethik und Geist, Eine Religion für Erwachsene, Judentum, Das Judentum und das Weibliche, Identitätsnachweise* sind dem Abschnitt *Au delà du pathétique (Jenseits des Pathetischen)* aus Emmanuel Lévinas' *Difficile Liberté. Essais sur le judaïsme* (1963 und 1976) entnommen, *Messianische Texte* dem Abschnitt *Commentaire (Kommentar), Der Fall Spinoza, Die Thora mehr lieben als Gott, Zum Struthof-Prozeß* dem Abschnitt *Polémiques (Streitschriften), Das jüdische Denken heute, Monotheismus und Sprache, »Zwischen zwei Welten« (Der Weg von Franz Rosenzweig)* dem Abschnitt *Ouvertures (Öffnungen), Freiheit des Worts, Judentum und Gegenwart, Das Helle und das Dunkle, Heidegger, Gagarin und wir, Hegel und die Juden, Ausschließlichkeit* dem Abschnitt *Distances (Distanzen).*

Jüdischer Verlag GmbH
Torstraße 44, 10119 Berlin
info@suhrkamp.de
www.suhrkamp.de